航天科工出版基金资助出版

国有企业政务信息工作实务

主　编　张　燕
副主编　张丽宏　刘　洋　袁晓健

中国宇航出版社
·北京·

图书在版编目（CIP）数据

国有企业政务信息工作实务 / 张燕主编. -- 北京：中国宇航出版社，2023.9（2024.5重印）

ISBN 978-7-5159-2295-9

Ⅰ.①国… Ⅱ.①张… Ⅲ.①国有企业—电子政务—公文—写作—中国 Ⅳ.①H152.3

中国版本图书馆 CIP 数据核字(2023)第 203704 号

责任编辑　朱琳琳　　**封面设计**　王晓武

出版发行　中国宇航出版社

社　址　北京市阜成路 8 号　**邮　编**　100830
(010)68768548

网　址　www.caphbook.com

经　销　新华书店

发行部　(010)68767386　(010)68371900
(010)68767382　(010)88100613（传真）

零售店　读者服务部　(010)68371105

承　印　北京厚诚则铭印刷科技有限公司

版　次　2023 年 9 月第 1 版
2024 年 5 月第 2 次印刷

规　格　787×1092

开　本　1/16

印　张　10.5

字　数　161 千字

书　号　ISBN 978-7-5159-2295-9

定　价　59.00 元

《国有企业政务信息工作实务》
编 委 会

主　　编　张　燕

副 主 编　张丽宏　刘　洋　袁晓健

编　　委　(排名不分先后)

崔云霞　吴浩玮　王希望

唐　杨　彭振忠　彭贤博

编者按

政务信息是各级领导了解情况、科学决策、指导工作的重要依据和参考，政务信息工作是我国各级党政机关、企事业单位办公室系统的一项重要工作，类似公文但也有自身的特点。目前市面上已有的政务信息工作相关图书大都立足于各级党政机关，鲜有从企业视角介绍和指导该项工作的内容。本书结合国有企业工作实际，系统阐述了政务信息的概念、特点、作用、开发运用等各方面内容，重点对政务信息的写作技巧和经验进行了介绍，内容深入浅出、易于理解，案例、模板丰富具体，可操作性强，可供国有企业相关工作人员参考。本书编撰过程中参考和引用了很多专家的论述和成果，无法一一注明原始出处，在此一并致以诚挚的感谢。

目　录

第一篇　政务信息概述

一、政务信息的概念

（一）政务信息的基本概念

“信息”在我国古代本意为“音信、消息”，作为科学术语最早提出于20世纪20年代。20世纪40年代，信息论的奠基人、美国数学家C. E. 香农认为信息是“用来消除不确定性的东西”。此后，不同学者从不同研究领域出发，从不同角度给“信息”下了不同的定义。在经济与管理学中，常撇开具体的对象，把信息泛指一般的数据、资料、消息、情报、知识等。

政务信息，是信息的一个重要门类，是指在政务活动中反映政务工作进展情况、遇到的问题以及可能影响政务决策的信息。

广义上讲，政务信息是反映政务工作及其相关活动的情报、情况、资料、数据、图表、文字材料和音像材料等的总称。狭义的政务信息则指一种载体，是国家行政机关为了加强机关内部、机关之间，行政系统内部与外部联系和信息共享，在行政机关内部流通的，用来反映情况、辅助决策的一种区别于法定公文和新闻的文书。本书采用狭义的理解。

我们认为，政务信息工作是指围绕党和国家发展、企业高质量发展关注的重大事项、重点工作、重要活动、重要情况进行信息的收集、整理、编写、报送、考核、评价工作。政务信息工作承担着上传下达、沟通反馈、反映情况、展示业绩的重要职责。政务信息工作由各级办公室组织编写并逐级报送，向上级领导反映情况、成绩、问题，提出建议，服务对象是各级党政领导，为领导决策和指导工作服务，通过领导批示来推动工作、解决问题。

（二）政务信息的历史渊源

我国历史文献资料中并无明确的“政务信息”一词的记载。但实际上，史上的风、表、奏、折、军报等，都在一定程度上承担了“政务信息”的功能。

先秦时期，统治者通过采诗官（风人）采录歌谣，了解民风、民情。《汉书·艺文志》：“古有采诗之官，王者所以观风俗，知得失，自考正也。”

至于表、奏、疏、章、策、折等，是下级向皇帝递交的书面材料。《文心雕龙·奏启》：“章表奏启，经国之枢纽。”《文心雕龙·宗经》：“诏、策、章、奏，则《书》发其源。”清朝建立密折制度，上奏人撰写的奏折不得泄密，不经任何机构、人员，直达御前，密折制既快速又保密，使最高统治者能够直接获取一线信息，提高决策效率，有利于君主集权，加强对官僚机构的控制。

烽火台，古时用于点燃烟火传递重要消息的高台，是为应对敌人入侵而建的重要军事设施。遇有敌情，白天施烟，夜间点火，台台相连，实现信息的快速传递。

八百里加急是古时紧急情况下的军情、重要信息传递的一种标准。古时的信息传递靠驿站，一般每隔 20 里设有一个。传递紧急文件时，每个驿站都用快马，马停人不停，可以实现信息日行千里。

（三）政务信息的发展变革

1984 年，邓小平同志为《经济参考报》亲笔题词：“开发信息资源，服务四化建设”，开启了中国信息革命的征程。

1985 年，中央办公厅正式决定开展信息工作，当年召开的全国党委秘书长、办公厅主任座谈会将信息工作列为办公室的一项重点工作。

1986 年 3 月，国务院办公厅率先建立了全国各省市区政府办公厅传报信息制度，包括国务院办公厅—国家各部委（一部分随着国家体制改革变为大型企业集团）—各省市自治区在内，通过各级办公厅（室）的直报系统逐级报送信息，具有授权的直报点可以直接将信息上报中办、国办、军办。

1988年8月，全国省级政务信息网络第三次年会召开，大会专门就政务信息的定义做了深入研讨。会议最终认定，政务信息应当包含两层含义：一是内容上需及时反映政府主体工作运转情况；二是在作用上需对政府领导决策和指挥工作发挥积极有效的影响。自此“政务信息”的概念和定义被正式提出。

1995年10月，国务院办公厅颁布适用于全国政府系统的《政务信息工作暂行办法》（国办发〔1995〕53号），对政务信息工作、机构、队伍、工作制度、质量及工作手段做出规定。自此，我国各级政府及其部门办公厅（室）均参照该办法开展政务信息工作，政务信息工作成为机关单位日常工作中的一项重要内容。

国务院办公厅关于印发《政务信息工作暂行办法》的通知[①]

国办发〔1995〕53号

各省、自治区、直辖市人民政府，国务院各部委、各直属机构：

多年来，全国政府系统的政务信息工作不断适应改革开放和政府管理职能转变的需要，努力为各级政府科学决策提供信息服务，取得了较好的成效。

在深化改革、扩大开放和建立社会主义市场经济体制的新形势下，政务信息工作对于政府掌握情况、科学决策和进行宏观调控等，具有重要作用。

各级政府及其部门的办公厅（室）是为政府领导提供政务信息的主要渠道。为了切实做好政务信息工作，并使之逐步规范化、制度化，现将《政务信息工作暂行办法》发给你们，自1995年11月1日起施行。

国务院办公厅

一九九五年十月二十七日

① 引用自《国务院公报》，1995年第27号（总号：808）。

政务信息工作暂行办法

第一章 总 则

第一条 为了适应建立社会主义市场经济体制和政府管理职能转变的需要，实现全国政府系统政务信息工作规范化、制度化，制定本办法。

第二条 政务信息工作是各级政府及其部门的办公厅（室）的一项重要工作，其主要任务是：反映政府工作及社会、经济发展中的重要情况，为政府把握全局、科学决策和实施领导提供及时、准确、全面的信息服务。

第三条 政务信息工作必须坚持党的基本路线，遵守宪法、法律、法规，坚持实事求是的原则。

第四条 政务信息工作坚持分层次服务，以为本级政府服务为重点，努力为上级和下级政府服务。

第五条 政务信息工作应当围绕政府的中心工作和社会、经济发展中的重点、难点、热点问题，反映在建立社会主义市场经济体制进程中出现的新情况。

第六条 各级政府及其部门应当加强对政务信息工作的领导，提出要求，交待任务，做好协调，支持和指导本级政府或者本部门的办公厅（室）发挥整体功能，做好政务信息工作。

第二章 政务信息机构

第七条 省、自治区、直辖市人民政府和国务院各部门的办公厅（室）应当稳定并完善负责政务信息工作的机构，加强对本地区或者本系统所属单位政务信息工作的指导。

第八条 负责政务信息工作的机构履行下列主要职责：

（一）依据党和国家的方针、政策，结合本地区、本部门的工作部署，研究制定政务信息工作计划，并组织实施；

（二）做好信息的采集、筛选、加工、传送、反馈和存储等日常工作；

（三）结合政府的中心工作和领导关心的问题，以及从信息中发现的重要问题，组织信息调研，提供有情况、有分析的专题信息；

（四）为政府实施信息引导服务；

（五）组织开展政务信息工作经验交流，了解和指导下级单位的政务信息工作；

（六）组织本地区、本部门政务信息工作人员的业务培训。

第九条 政务信息网络是政务信息工作的基础，信息联系点是政务信息网络的组成部分。各级政府及其部门应当根据本地区或者本部门的实际情况和需要，逐步建立和完善政务信息网络。

第三章 政务信息队伍

第十条 政务信息队伍由专职、兼职和特聘的政务信息工作人员组成。县级以上各级人民政府办公厅（室）应当配备专职政务信息工作人员。专职政务信息工作人员的人数由本级政府或者本部门的办公厅（室）根据工作需要在编制范围内确定。

第十一条 政务信息工作人员应当具备下列基本条件：

（一）努力学习马列主义、毛泽东思想和邓小平同志建设有中国特色社会主义的理论，热爱政务信息工作，有较强的事业心和责任感，作风正派，实事求是；

（二）熟悉党的路线、方针、政策，熟悉政府或者部门的主要业务工作；

（三）掌握政务信息工作的基本知识和工作技能，具备一定的经济、科技和法律等方面的基本知识；

（四）具有较强的综合分析能力、文字表达能力和组织协调能力；

（五）严格遵守党和国家的保密制度。

第四章　政务信息工作制度

第十二条　下级政府应当及时向上级政府报送信息。政府各部门应当及时向本级政府和上级部门报送信息。下级政府或者部门对上级政府或者部门专门要求报送的信息，必须严格按照要求报送。

第十三条　上级政府和部门的办公厅（室），应当适时向下级政府或者部门的办公厅（室）通报信息报送参考要点和采用情况。

第十四条　各级政府及其部门负责政务信息工作的机构根据需要组织相互之间的信息交流，在依法保守秘密的前提下，实现信息资源共享。

第十五条　下级政府或者部门负责政务信息工作的机构向上级政府或者部门负责政务信息工作的机构报送的信息，必须经本级政府或者本部门的办公厅（室）分管领导审核、签发；必要时，报本级政府或者本部门分管领导审核、签发。

第十六条　在政务信息工作中成绩突出的单位和个人，给予奖励。

第五章　政务信息质量

第十七条　政务信息应当符合下列要求：

（一）反映的事件应当真实可靠，有根有据。重大事件上报前，应当核实；

（二）信息中的事例、数字、单位应当力求准确；

（三）急事、要事和突发性事件应当迅速报送；必要时，应当连续报送；

（四）实事求是，有喜报喜，有忧报忧，防止以偏概全；

（五）主题鲜明，文题相符，言简意赅，力求用简练的文字和有代表性的数据反映事物的概貌和发展趋势；

（六）反映本地区、本部门的新情况、新问题、新思路、新举措、新经验，应当有新意；

（七）反映情况和问题力求有一定的深度，透过事物的表象，揭示事物的本质和深层次问题，努力做到有情况、有分析、有预测、有建议，既有定性分析，又有定量分析；

（八）适应科学决策和领导需要。

第六章　政务信息工作手段

第十八条　各级政府及其部门应当加强政务信息工作现代化手段的建设，保证政务信息工作的正常开展，实现信息迅速、准确、安全地处理、传递和存储。

第十九条　各级政府及其部门应当建立严格的网络设备管理、维护和值班制度，保持网络设备的正常运行和信息传输的畅通。

第二十条　省、自治区、直辖市人民政府和国务院各部门的办公厅（室）应当逐步建立电子数据资料库，收集、整理和存储本地区或者本系统的基本的和重要的数据资料，以适应随时调用和信息共享的需要。

第二十一条　省、自治区、直辖市人民政府和国务院有关部门的办公厅（室）应当管好、用好计算机远程工作站，严格遵守国家有关安全、保密的规定。

第七章　附　则

第二十二条　本办法由国务院办公厅秘书局负责解释，并根据施行情况适时修订。

第二十三条　本办法自 1995 年 11 月 1 日起施行。

1999 年 2 月，中共中央办公厅下发《关于进一步加强信息工作的意见》（中办发〔1999〕7 号），对加强进一步的信息处理规范提出更为明确的信息化要求。

中共中央办公厅关于进一步加强信息工作的意见①

中办发〔1999〕7 号

1995 年《中共中央办公厅关于进一步加强信息工作的意见（试行）》下发以来，在中央和各级党委的领导下，党委办公厅（室）的信息工作迅速发展，为中央和各级党委了解情况、进行决策和推动工作落实发挥了重要作用。在把建设有中国特色社会主义事业全面推向二十一世纪的伟大历史进程中，中央和各级党委更加需要及时全面地了解国内外各种情况和动态，更加需要掌握大量对决策有重要参考价值的高质量信息，更加需要党委办公厅（室）提供高效、优质、全面的信息服务。党委办公厅（室）信息工作必须在现有的基础上进一步加强，不能有丝毫的放松和削弱。根据近几年来的试行情况，现就进一步加强信息工作提出以下意见：

一、向中央和各级党委报送信息是党委办公厅（室）的重要职责

信息是决策的基础和依据。在改革开放和现代化建设的伟大实践中，党中央和各级党委要根据全党工作的总体部署，针对经济和社会发展过程中出现的新情况、新问题，不断对各项工作作出具体决策，提出新的措施。所有这些，都离不开信息工作的基础作用。研究新情况，需要灵敏地捕捉信息，对社会各个领域、各个方面的情况进行分析研究，从而对客观情况作出准确的判断；解决新问题，需要充分地利用信息，在对信息进行分析研究的基础上找出问题的原因和症结，确定解决矛盾的最佳方案。尤其是

① 引用自《秘书工作》，1999 年 07 期。

在世界科技进步日新月异，知识经济初见端倪的情况下，我们要在综合国力的竞争中取得主动，就必须建立灵敏快捷的信息网络，把握世界经济和科技发展的最新动态，获取最有价值的信息资源；就必须通过信息把握时局，预测走势，并据此确定和调整我们的计划、策略和措施，进而抓住机遇，求得发展。可以说，在新的形势下，党中央和各级党委更加需要大量的、真实的、具有前瞻性的信息，以作为了解情况、制定决策、指导工作的参考和依据。信息工作做得好不好，提供的信息及时不及时、准确不准确、全面不全面，将直接影响中央和各级党委的决策以及对全局工作的领导。党委办公厅（室）要从全党全国工作大局的高度，充分认识新形势下进一步加强信息工作的重要性和紧迫性，努力使信息工作更加符合新时期中央和各级党委领导工作的需要，跟上经济和社会发展的步伐。

信息工作是党委办公厅（室）工作的重要组成部分。党委办公厅（室）的基本职能之一是发挥参谋助手作用，而这一作用的重要体现就是提供情况和信息。在党委获取信息的众多渠道中，党委办公厅（室）是主渠道。信息工作做得怎样，在某种程度上反映着办公厅（室）为党委服务的层次和质量，反映着办公厅（室）的整体工作水平。为党委提供高效、优质、全面的信息服务，是党委办公厅（室）的本职工作。各级党委办公厅（室）要切实增强使命感和责任感，主动到位，恪尽职守，按照中央和党委的要求，围绕中央和党委工作的需要，确定信息工作的思路、重点和措施，不间断地为中央和各级党委提供高质量的信息。

党委办公厅（室）在向本级党委报送信息的同时，要积极向上级党委报送信息。二者在职责和任务上是完全一致的。地方党委制定贯彻中央总体部署的具体决策，指导本地区改革开放和两个文明建设的各项工作，需要及时准确地掌握本地区各方面的实际情况。因此，为本级党委提供信息服务，是党委办公厅（室）的重要任务，必须切实做好。同时，中央决策所需要的信息来自各地区、各部门，各级党委办公厅（室）还要积极负责地向上级党委报送信息；各省、自治区、直辖市党委办公厅，中央和国家机关各部门以及中央办公厅信息直报点都必须向中央报送信息。这是维护党的集中统一领导，保证中央统揽全局、进行正确决策和指导工作的需要，是信息工作为中央服务的根本要求。各级党委要支持党委办公厅（室）积极向中央和上级党委报送信息。党委办公厅（室）要增强上报信息的政治责任感和自觉性，保证上报信息数量，注意提高信息质量。

二、必须坚持及时、准确、全面报送信息的原则

及时、准确、全面报送信息是信息工作的基本原则，也是中央和各级党委对信息工作的基本要求。

报送信息一定要及时，确保信息的时效性。凡是需要中央和各级党委及时掌握、立即处置的重要情况和紧急信息，都要迅速收集上报。重大突发性事件，重要社会动态，紧急灾情、疫情以及其他重要紧急情况，要随时发生随时报送，向中央报送最迟不得晚于事件发生后6小时，并要续报事态进展、处置措施和原因、后果以及吸取教训、开展工作的情况。要克服掩饰紧急信息的侥幸心理，增强信息触角的灵敏度。建立迟漏报紧急信息通报制度，对迟报、漏报、瞒报紧急信息的部门和单位要通报批评，对造成严重后果的要追究有关人员的责任。

报送信息一定要准确，确保信息的真实性。信息的生命力在于真实，信息的价值在于真实，信息对党委工作的参考作用还在于真实。只有以反映客观事物本来面目的真实信息为依据，才能作出正确的决策。党委办公厅（室）向中央和党委报送的信息，必须来自客观实际，是客观事物本来面目的反映；必须实事求是，没有任何虚假成分，经得起实践和群众的检查。反映工作进展和成绩的信息要恰如其分，反映问题的信息要真实可靠，反映困难的信息要实在准确。要尊重客观事实，不雕琢粉饰，不任意拔高，不刻意编造。要以对党的事业高度负责的精神，加强对信息的分析核实，向报送单位核实，向相关单位核实，到信息采集地核实，务求所报信息准确无误。对一些正在发生的重要情况，还要进行追踪了解和研究，以确认它的真实和准确。

报送信息一定要全面，确保信息的完整性。要坚持全方位、多领域、

多角度地提供信息，防止以偏概全，顾此失彼，以一种倾向掩盖另一种倾向。要辩证地反映事物的全貌，既反映现象，又反映本质，使材料和观点相统一；既反映初始，又反映终结，体现事物发展变化的全过程；既反映相关侧面，又反映它们之间的内在联系，揭示事物的整体情况。不能断章取义，妄加取舍；更不能层层截留，级级过滤，报到上面面目全非。只要中央和党委需要，无论是哪一方面的信息都要报送。

要喜忧兼报，既报喜又报忧。反映问题的信息既要报给本级党委，也要报给上级党委和中央。党委办公厅（室）要敢于报忧，各级党委要支持信息工作人员报忧。对敢于如实报忧的部门和人员，要支持鼓励，绝不允许有任何歧视和打击报复，绝不能报喜得喜、报忧得忧。上级党委办公厅（室）要定期抽查报忧情况，对瞒忧不报的，先进行提示；如仍无改变，要向党委直接报告；如这样仍见效不大，要在一定范围内通报批评。对阻挠报忧的，要进行批评教育，造成后果的要追究有关领导的责任。

三、紧密围绕党的中心工作和需求报送信息

向党委报送信息是为党委工作服务的。这种服务是否有力，取决于所报信息对党委工作的贴近程度。向党委报送信息只有围绕党的中心工作，才具有较高的参考价值；只有适应党委需求，才能对路适用。因此，要把围绕党的中心工作和需求报送信息作为出发点和着力点，下功夫提高信息的实用效能。

要紧密围绕经济建设这个中心，及时反映社会主义市场经济体制建立过程中的成绩、经验和问题，反映党的建设、精神文明建设、民主法制建设和社会政治稳定等方面的重大情况，反映各地区、各部门开展工作的思路、进展和成效，反映重大的社会动态和重要的社情民意。中央和各级党委作出决策后，党委办公厅（室）首先要报送本地区、本部门贯彻落实的安排和措施，广大干部群众的反映和意见；然后要报送实施决策中取得的成效、出现的情况、存在的问题及完善决策的建议；决策实施告一段落后，要报送总体情况。对中央领导同志视察各地时的重要讲话精神和对某个问

题的具体指示精神，有关地区和部门要及时报送学习和贯彻落实情况。各省、自治区、直辖市党委办公厅要及时报送本地区重要经济指标完成情况，中央和国家机关有关部门办公厅（室）要及时报送全国性重要经济指标完成情况。重大的经济运行态势要随时报送。中央和国家机关有关部门、军队情报部门及有关地区还要向中央报送国际政治、经济、军事、外交等方面的重要信息以及港澳台重要动态。

围绕党的中心工作和需求报送信息，前提是领会中央和党委的意图，了解中央和党委的需要。要经常研究中央和党委各个时期信息需求的重点，善于从中央和党委文件以及会议精神中了解党委对信息的需求，善于从客观情况的发展变化中分析党委对信息的需求，报送党委需要了解和需要党委了解的信息，并循着中央和党委中心工作的进展持续不断地提供动态信息。群众关注的热点、难点问题，往往也是党委比较关注和重视的问题。对这类问题，特别是带有苗头性、倾向性的新情况和新问题，要及时发现及时报送。各省、自治区、直辖市党委办公厅每个季度末要向中央办公厅报送一次反映社情民意的综合信息。对来自各方面的信息，要用党的中心工作和需求判定其价值，进行筛选、分析、综合，既要防止不加选择地报送，又要避免使中央和各级党委需要了解的信息漏报。

四、搞好信息的整体开发和综合利用

信息存在于社会生活的各方面。原始、分散的信息只有经过整理加工，才能成为系统的、有条理的信息。各级党委办公厅（室）要进一步重视信息的整体开发和综合利用，发挥好信息“加工厂”的作用，不仅对信息进行初加工，而且要进行深加工，在加工中使信息增值。

要在广泛收集中央和各级党委需要的各种信息的基础上，加强信息的整体开发。要善于对大量零散、孤立的信息进行归纳整理，从整体上开发其深层价值，使之成为对中央和党委决策有重要参考作用的高层次信息。要沙里淘金，从大量初级信息中筛选有用信息，从每一条信息中挖掘有用部分；要集零为整，将分散在各条信息中有价值的内容聚合起来，综合成为完整有用的信息；要变缺为全，对内容不具体、不完整的信息通过调查研究进行补充拓展，使之完整具体；要化浅为深，从大量信息中找出带有规律性、普遍性、倾向性的问题，抓住事物的本质。上报中央和党委的信息，要先确定信息的用途，看看它对中央和党委工作有没有参考价值，属不属于上报的范围；要把那些不准确的、有水分的、人为掺杂进去的内容去掉，留下为中央和党委所需的真实情况；要搞好分析判断、归纳综合，把大量零碎、分散的信息加以归纳整理，作出量的分析和质的判断，并从整体上揭示某一方面工作的总体态势。信息编写要开门见山，用语准确，朴实自然，达到信息内容与形式的和谐统一，准确反映事物原貌。

要加强信息的综合利用，充分发掘每一条信息的价值，使每一条有价值的信息都得到充分利用。对价值大的信息，要把它的价值用尽用足；对价值不大的信息，要尽量开发它有价值的部分。信息可以一条一用、一条多用，也可以多条一用。一些重要信息除向党委提供外，还可供有关地区和部门使用，有些信息可以上下左右共享。各级党委办公厅（室）要把为本级和上下级的信息服务结合起来，在向本级和上级党委报送信息的同时，把一些有参考价值的信息转送或通报给下级有关地区和部门。

要拓宽信息收集领域，丰富信息报送载体。图书、报刊、音像制品和电子出版物中蕴藏着丰富的信息资源，要注意从这些载体中发掘适应党委工作需要的信息。要紧跟科技发展的步伐，积极开发和利用音像等新的信息载体，充实信息报送内容，提高信息服务水平。

五、有计划有组织地搞好信息调研

信息调研是从信息中发现问题、捕捉题目所进行的调查研究方式，是证实信息、扩充信息、挖掘和开发高层次信息的有效途径。初级信息主要是为中央和各级党委提供情况，但要制定决策，还必须对信息集中反映的某些重要问题作系统、周密的调查研究。通过大量的动态信息可以筛选调研题目；通过调查研究可以进一步发现深层次信息，提高信息质量；通过调查研究还可以了解、占有更多的第一手材料。各级党委办公厅（室）要善于从大量的信息中选择中央和各级党委最为关注和需要解决的问题进行信息调研，向党委提供有情况、有分析、有建议的调研报告。信息调研要形成制度，坚持不懈。各省、自治区、直辖市党委办公厅每年要向中央办公厅报送5篇以上经过深入调查研究形成的高质量的调研报告。

要根据中央和各级党委工作需求，从办公厅（室）的特点出发确定调研题目。调研题目要紧扣中央和各级党委十分关注、急需了解和解决的情况和问题，反映群众关心的热点、难点和敏感点，关注具有典型性、倾向性和苗头性的问题。信息工作人员要切实转变作风，经常深入基层，深入群众，下苦功夫，花大气力，做扎实细致的工作，真正把情况搞清楚，把问题分析透。对一些重要的或党委急需的调研题目，要由党委办公厅（室）信息系统统一组织力量进行信息调研，发挥群体优势。

党委办公厅（室）除自身进行信息调研外，还要根据党委要求，有计划、有组织地协调党委和政府有关职能部门搞好信息调研。协调调研的方式可以灵活多样，有些可以出题目请其他职能部门或其他单位提供材料，有些可以通过座谈等方式直接征询意见。要加强同研究机构、专业部门的联系，善于吸收利用他们的研究成果。

六、进一步加强信息网络建设

网络是收集、传递和加工信息不可缺少的渠道，是信息源与信息需求者之间的媒介。信息网络建设是信息工作十分重要的基础建设。当前信息网络建设的重点是，进一步完善、健全网络体系，建立快速灵敏的传递机制，加强对网络的维护、管理和指导，提高网络的整体功能和效率。

党委办公厅（室）信息网络纵向从中央办公厅延伸到各省、自治区、直辖市党委办公厅，有的省、自治区、直辖市可以延伸到地、州、市党委办公室，县（区）、市委办公室，甚至到基层信息报送单位。在纵向网络上，各级党委办公厅（室）的直接服务对象不同，但向党委提供信息的任务是一致的。下级党委办公厅（室）除通过网络为本级党委反馈信息外，还要向上级党委提供信息，向下级单位转送信息。各级党委办公厅（室）

都要建立专门的信息工作机构，明确专人从事信息工作，确保网络的系统性和完整性。

党委办公厅（室）信息网络横向要覆盖社会生活的各个方面，包括政治、经济、文化、科技、教育、国防和外交等所有领域。党委办公厅（室）要加强同党委、政府各职能部门的联系。各职能部门特别是综合经济部门要积极向党委提供信息。

信息直报点是党委办公厅（室）系统信息网络的重要组成部分，是中央和各级党委了解基层真实情况的窗口，是反映群众呼声和愿望的重要渠道。信息直报点要发挥贴近基层、贴近群众的优势，及时、准确、全面地向上级党委和中央反映当地贯彻落实中央决策的情况、地方经济建设和社会发展情况以及当地的社情民意。信息直报点的信息工作人员每年要用大量时间到基层进行调查研究。凡是被批准为中央办公厅信息直报点的单位，都要明确专人从事上报信息工作，并为其创造必要的工作条件。

各级党委办公厅（室）要进一步重视信息网络建设，通过网络加强对信息工作的指导，建立经常性的联系，及时传达党委的信息需求，反馈信息采用情况，总结推广典型经验，提高报送信息质量。要加强规范化建设，建立一整套科学的工作制度和程序，保证网络反应灵敏、采集广泛、传递准确迅速、运行安全正常。

七、提高计算机信息处理的现代化水平

计算机信息处理技术为信息的快速传递、大量存储、自动编辑、综合分析以及相互共享提供了技术保障。加快党委办公厅（室）系统计算机信息技术的发展步伐，把党委办公厅（室）信息工作自动化提高到一个新水平，是信息工作发展的需要。各级党委办公厅（室）要高度重视，切实抓紧抓好。

党委办公厅（室）系统计算机信息网络，统一由办公厅（室）的信息部门（或信息技术部门）建设、管理和使用，由机要部门负责加密。计算机网络端一般设在信息工作部门，各省、自治区、直辖市党委办公厅信息

工作部门都要建立中央办公厅信息中心的计算机联网终端。同时，要抓紧建立本地的信息局域网。

党委办公厅（室）系统计算机信息网络及其自动化建设，是一项技术性很强的系统工程，由中央办公厅信息中心根据各地需要和实际情况，协助设计、建设、管理和协调。中央办公厅信息中心要会同各省、自治区、直辖市党委办公厅的信息部门（或信息技术部门），抓紧制定计算机信息网络的总体发展规划和统一的技术规范。要进一步研究、应用新的信息技术，不断实现信息技术的更新换代。

信息工作人员要学习信息技术，熟练运用计算机信息网络调阅、传输、存储和加工信息，逐步实现信息处理的无笔操作，并利用统计学方法和计算机技术对信息进行定量、定性分析。

八、加强对信息工作的领导

各级党委要充分认识信息工作的重要性，高度重视和利用好党委办公厅（室）报送的信息，充分发挥信息在了解情况、制定决策和指导工作中的作用，切实加强对信息工作的领导。要指导和支持党委办公厅（室）开展信息工作，发挥好党委办公厅（室）信息工作队伍的作用。要经常向党委办公厅（室）通报党委对信息工作的需求，使党委办公厅（室）及其信息部门及时了解党委的决策意图、工作思路和工作部署。要给党委办公厅（室）信息工作部门提要求、交任务、出题目，发挥好党委办公厅（室）报送信息的主渠道作用。要保护信息工作人员的积极性，支持他们积极收集、如实反映真实情况和问题。要进一步健全信息工作机构，加强信息工作力量。要在参加会议、阅读文件、了解党委工作意图以及开展工作等方面为信息工作人员提供各种便利条件，帮助他们解决工作和生活中的实际困难和问题。

党委办公厅（室）要按照政治强、业务精、作风硬、纪律严的要求，大力加强信息工作队伍建设。要组织信息工作人员认真学习马克思列宁主义、毛泽东思想特别是邓小平理论，学习党的路线、方针、政策，提高政治和业务素质，改进思想和工作作风，不断提高工作效率和质量。要加强对信息工作的业务指导，组织业务培训，进一步推动信息工作理论与实践向前发展。

历经近40年的发展，中央领导，中办、国办、军办，国家各部委局，军委机关，地方政府和国有企业对政务信息工作的重视程度越来越高。政务信息工作已成为企业系统公文写作的一项重要任务和基本内容。我们将其生动地比喻为“隔着窗户向领导汇报”。

二、政务信息的特点

（一）政务信息的基本特点

政务信息具有宏观性、真实性、内部性、权威性、时效性、前瞻性等特点。

宏观性。政务信息主要是为领导决策提供服务的，它所产生的效应直接或间接体现在决策方面。要求信息撰写人员围绕中心工作抓大问题，而不是摄取小镜头，捕捉小花絮。

真实性。真实可靠是政务信息的质量和生命。必须坚持实事求是，真实客观地反映情况，既要报喜也要报忧，既不以点代面也不以偏概全，既不无中生有也不捕风捉影，既不夸大也不人为缩小。

内部性。信息的传递途径是各级办公厅、室内部直报，不同于新闻报道，也不同于普通文件。信息内容可以涉密。

权威性。政务信息必须经过本级领导审查后方可报出，应该是具有严肃性的“官方消息”，不是不加约束混淆视听的小道消息。

时效性。政务信息的价值首先体现在“快”，要及时让上级领导及决策机构掌握第一手信息，充分体现政务信息直报系统的优越性。好的信息今天是“宝”，明天是“草”。

前瞻性。尤其是问题建议类的信息，信息可以成为工作的先导，通过提出高质量的对策和建议，进入领导决策的视野。

（二）政务信息的一般分类

政务信息属于事务性公文写作的范畴，内涵丰富，应用广泛，可从不同角度进行分类，学术界对于政务信息功能类型的研究，标准不一，目前并无权威、统一的分类标准。例如，从使用的文体性质角度，有人将政务信息分为新闻类、网络类、公文类、调研类和广告类五大政务信息文体形式。根据功用的差异，有人将政务信息分为指示型政务信息、经验型政务信息、情况通报型政务信息和汇编型政务信息四种类型。按照政务信息的发文事项的性质及功能，有人将政务信息分为情况反映类、经验交流类、问题研报类和意见建议类四大类。

笔者在国有企业从事多年政务信息工作，按照政务信息的内容特点，从简化管理的角度，一般将政务信息分为综合信息、专题信息和动态信息三类。

综合信息。主要是对单位经济运行及管理创新的情况、国内外重大突发事件及对重要决策的影响、主营业务领域及产业发展现状与趋势等某一方面重点工作，进行全面汇总，发现问题，分析原因，提出对策建议的信息。

专题信息。主要反映某一项重要工作进展情况、重大决策部署及学习贯彻落实情况、阶段性的工作情况以及重大活动情况的重要的、描述性的、说明性的信息。

动态信息。主要反映单位的重要事件、重要会议、领导活动、科研生产、科技创新、经营活动等日常性工作情况。

（三）政务信息与新闻报道的区别

政务信息不同于新闻报道。两者有很多相似之处，如选材类似，都要求具有时效性，都要求客观、真实、准确，等等。但政务信息与新闻报道在服务对象、服务目的、写作要求、传递载体、实际功效方面均不同。

服务对象不同：政务信息是对上对内，服务于各级领导决策；新闻报道的对象是公众，广而告之。

服务目的不同：政务信息主要是反映情况和问题，争取政策、推动工作、汇报业绩；新闻报道主要是自我展示、树立形象、引导舆论、分享信息。

写作要求不同：政务信息要求审慎务实，表述客观、精准，语言简明扼要；新闻报道常用渲染、烘托、铺垫手法，目的是引起读者的情感共鸣。

传递载体不同：政务信息是政府工作内容之一，采用公文形式内部直报；新闻报道属公共关系范畴，公开报道、广泛传播。

实际功效不同：服务目的和对象的不同导致实际功效不同，政务信息直接为领导决策服务，权威性要高于新闻宣传；新闻报道只是让接收者了解情况，并不具有约束力，产生的是舆论影响作用。

第二篇　如何认识政务信息

一、政务信息的作用与优势

（一）政务信息的作用

政务信息是在新形势下快速畅通信息渠道的重要载体，为及时反映各种政务动态提供专项的全面服务，因此已成为我国各地、各级、各领域领导机构了解情况和科学决策的重要基础和纽带。

1. 政务信息的基本功能

政务信息是党组织请示报告的重要方式、了解基层情况的主要渠道、科学决策的参谋助手、指导推动工作的重要平台、督促落实工作的重要抓手，是直接体现政治敏感性和政治鉴别力的有效方式之一。

2. 政务信息的重要作用

党和国家领导人历来重视信息工作，曾在多种场合、多个文献和多次批示中有所论述。

毛泽东同志曾说："没有调查，没有发言权。"

邓小平同志曾说："做管理工作的人没有信息，就是鼻子不通，耳目不灵。"

习近平总书记指出，科技是关键，信息是灵魂。不重视信息工作，就如同"盲人骑瞎马，夜半临深池"。习近平总书记还指出，领导干部作决策、下指示，往往需要大量客观、真实、有效的信息。2016 年 4 月 19 日，习近平总书记在全国网络安全和信息化工作座谈会上讲话指出，信息是国家治理的重要依据。

从上往下看，政务信息是党中央、国务院、上级单位及领导了解情况、科学决策、指导工作的重要渠道和依据。中央领导 2020 年在××单位上报的信息上批示，直接推动该单位相关领域发展。

从下往上看，政务信息是各单位向上级反映情况、争取支持，宣传工作、展示形象，解决问题、推动工作的重要手段和窗口。

从互动交流看，政务信息是互通情况、取长补短的重要平台和载体。上级采用优秀信息后及时传递共享，可让信息发挥更大价值，帮助更多的单位开拓思路、学习经验、提升能力。

例：20××年××单位上报的《××单位探地雷达团队完成赴××支援××救援任务》被国家应急管理部采纳，并接到××市政府的感谢信。缘起是因为上级领导知道××单位有相关装备和能力，让××单位参加救援工作。

（二）政务信息的优势

1. 政务信息的特殊优势

政务信息具有“主渠道”和“直通车”优势。

政务信息通过各级办公厅、室建立了直报系统，审批环节链条较短，领导阅示面宽。信息就是对上的“舆论”，就是领导的“千里眼、顺风耳”，上报信息，就是“隔着窗户纸”向领导汇报工作。政务信息载体批示率高，反馈机制健全，如被上级采用，可使上级能够更深入地了解企业工作情况，避免了信息强度的递减和偏差；如果再获得中央领导批示，可以为企业争取项目、抢占市场、巩固地位创造有利条件和政策环境。

1）一条高质量的信息被上级采用，就相当于我们向领导汇报了一次工作，甚至相当于我们做了一次成功的市场营销。信息来源于科研生产一线，最终将服务于科研生产的发展。

2）政务信息，像是“隐藏”的请示，可以“一事多请（多个上级单位同时请）”“一请多事（一篇信息多个信息点）”，还可以向没有隶属关系的上级单位“请示”，只要领导关注，自然有“批复（批示）”。

3）政务信息是正式文件，可以成为领导提出工作要求并层层传递的正式载体（做出批示），领导虽然可以看到新闻，但不一定有精力去关注新闻，也不能在新闻上做出批示，提出正式的工作要求。

4）在国家推动企业改革的大形势下，混合所有制体制下的国有企业不能再“等、靠、要”，只习惯行政命令，不懂也不关心市场规律，必须加大宣传和任务争取力度，多争取横向任务，如只靠纵向任务，必然逐步式微。与民营企业相比，国企可以充分利用政务信息的直报系统，第一时间或适当时机快速反映我们的成绩、实力和困难，发出央企的“好声音”，弘扬正气，贬抑歪风，让上级领导了解企业的真正实力非常重要。

5）当前是信息爆炸的大数据时代，人人都可以成为一个独立的“自媒体”，但各种媒体的信息量庞大、信息繁杂，各级政府机关也有自身利益的考虑，大量信息的真实性和全面性很难得到有效的验证。领导希望听到来自基层的声音，希望了解在基层开展、推动工作存在的真正困难在哪里，政务信息就是领导了解基层真实情况的一个重要渠道。

6）编写政务信息不是额外的任务，而是工作推动、领域拓展、任务争取工作中的一个重要环节，应从战略角度纳入工作策划，适时报送、推广、牵引相关工作。

7）信息工作可以全面锻炼一个人的逻辑思维能力、文字综合能力、调查研究能力和组织协调能力，而这些能力也正是领导力的必备要素。所以，信息工作是一个提升个人素质、塑造资深领导力的平台，信息员队伍是一个培养人才、发现人才、输出人才的队伍，政务信息编写人员能够通过此项工作提升个人主动思考、归纳总结、辩证思维、站位全局的能力，建立思考问题的方法和视角，最终成就自己。

2. 政务信息推动工作的实际

例：利用××技术加强城市“生命线”管理保障运行安全的分析与建议

该信息获得上级有关领导批示，推动××单位承担住建部第一个城市地下管网综合管理试点项目，为后续在其他城市推广提供示范。

例：利用××技术加强和保障城市公共安全的分析与建议

该信息获得上级有关领导批示，相关项目得到国家有关部委的支持和立项，争取到了社会管理相关任务，既宣传了企业，又得到了领导关注，还争取了任务，一举多得，效果显著。

例：××系统关于解决煤电价格上涨的建议信息

南方冻雨期间，煤电价格持续攀升，该信息分析了煤电价格上涨对电力价格甚至对国民经济发展的影响，并提出了解决问题的建议。信息报送后得到上级有关领导批示，国家有关部委予以妥善解决。

二、政务信息的开发与运用

（一）政务信息的特征与原则

1. 政务信息的特征

（1）一般性特征

客观性。客观事物存在和运动的状态、属性及变化形式，是不以人的意志为转移的。作为反映客观事实的政务信息，其客观性是由政务信息工作本身的客观性决定的，它明确了对各级单位工作实事求是的认识态度，规定了政务信息工作人员要有严肃认真的工作精神和负责态度，做好去伪存真、去粗取精工作，尽量降低信息传递中的失真度。

准确性，即真实性。政务信息的准确性必须以客观性为前提，离开客观性，政务信息就谈不上准确性。同样，离开准确性，政务信息也不可能是客观的。政务信息的准确性包括两个方面的基本含义。一是指政务信息反映的内容所引起的接收、利用者的联想和想象，是否与政府工作及其发展规律相一致。如果一致，就是准确的。二是指政务信息的优化程度。政府要完成某项任务、实施某个计划、达到某种目的，往往可以采用多种途径或方法。而政务信息就负有提供这一“最优方案”的使命。

时效性，即时间性。指政务信息从整理和形成到发出、传递、接收，直到应用于政府工作的时间间隔及其效率。从某种意义上讲，政务信息的价值取决于政务信息的时效性。政务信息的时效性是由当前国际国内飞速发展的形势所决定的，是由政府工作运行节奏的日趋加快决定的，是由政府工作的行政管理直接目标所决定的。

开发性。政务信息作为政府工作和关联事物的一种反映，本质和非本质的东西往往交织在一起，从事政务信息工作的同志认识上又具有一定的局限性，加之反映的对象又在不断地变化，这就决定了政务信息可以不断地开发，使其不断地增值，在不断地开发和增值中，引导人们去开拓更广阔、更高层次的领域。政务信息的开发性，不仅仅局限于一次性，还具有间接推动政府工作不断发展的能量，这有赖于政务信息工作人员的主观能动性。

无限性，即永无止境。政务信息是对政府工作实践的一种认识形式，被各级政府的领导同志接受后，用以开展政务活动再实践或指导政务工作；而政务信息则通过对政务活动的更新认识，又形成了领导用以指导工作、决策行为的新的依据。由实践到认识，再由认识到实践，这种从简单到复杂、从低层次到高层次、从有限到无限的认识过程，就是政务信息的无限性。政务信息的无限性是信息资源的一个特有属性。

传递性。传递是信息的一个要素，传递性是信息的一个明显特征，也是政务信息一个重要的一般性特征，其基本含义：一是任何政务信息从形成之后到为领导者或其他人所感知，都必须经过传递过程。二是政务信息的传递性具有客观可靠性。三是政务信息的传递性具有效益性。四是政务信息的传递要讲究速度。五是政务信息的传递性受制于传递的有效性。

（2）特殊性特征

综合性，也可以称为宏观性。它是建立在信息科学广泛性基础之上，但又有别于信息科学广泛性的一个特殊性特征。政务信息的综合性首先表现在宏观上，综合性还表现在范围上，政府作为一级行政领导机关，领导和管理的都是一个动态的大系统，所解决的问题几乎都是全局性的、综合性的。同时政务信息的综合性也表现在政务信息的提炼、综合上。

层次性。政务信息因其反映问题的深度和服务对象不同，从而表现出不同的层次。这要从两个方面理解：一是指政务信息本身具有层次性，可以分为低层次政务信息和高层次政务信息。二是指政务信息的服务对象有层次性，即政府领导机关的级别不同，形成的领导层次不同。

指导性。表现为服务对象和传递范围的扩大，主要有三个方面的含义：一是体现在为下级政府领导的纵向服务上，二是体现在为本级政府各部门及下属单位的横向服务上，三是体现在信息内容的区别上。政务信息从内容上分，大致可以分为批示性、经验性、动态性、问题性四种类型。从指导性上讲，四种类型都具有一定的指导意义，但在具体指导上，则有直接与间接之分。

政策性。这是体现政务信息政治立场的一个特殊特征。它要求政务信息所反映的内容，不得游离于政策之外。政务信息的政策性是政府工作政策性的客观反映，是政务信息工作的核心。国家政权的性质，决定了为其服务的主体信息应当而且必须具有鲜明的党性、阶级性、政治性和原则性，必须符合党的基本路线和方针、政策。

敏感性。政务信息虽然不属于政府部门的正式文件，但其反映内容广泛敏感，因其服务对象的层次和效能，客观上就带有敏感性。政务信息的敏感性既是由政府机关的重要地位决定的，也是由服务对象的不同层次所决定的。政务信息虽然不属于政府部门的正式文件，但因其反映内容的广泛性和敏感性，以及服务对象的层次和效能，客观上就带有敏感性。政务信息的敏感性既是由政府机关的重要地位决定的，也是由服务对象的不同层次所决定的。

有限共享性。信息具有共享性，这是其区别于物质资源、能量资源的一个重要特征。政务信息的共享又与其他信息有着明显的区别。这个区别就在于它是有限共享，政务信息的共享是有条件和一定范围限制的。

2. 政务信息的原则

（1）实事求是

实事求是是党的思想路线，也是信息工作必须遵循的根本原则。信息工作是为领导决策服务的，而领导决策的目的是解决实际工作中存在的问题，因此信息工作必须反映客观存在的实际情况。在实际工作中必须做到以下三点：一是搜集信息不能先入为主，应当从实际出发，以事实为基本依据。有喜报喜，有忧报忧，喜忧兼顾。要敢于说实话、说真话、讲实情。二是用实事求是的原则把握事物的本质，力求使信息准确、客观、公正。三是用实事求是的原则去探索事物发展的规律性，使信息真正反映客观事物的全貌和本质。

（2）全面准确

全面，就是从各个方面、各个角度去反映工作动态，揭示事物的发展趋势。这里包括三方面的含义：一是背景材料要全面，要弄清问题产生的原因；二是相关因素要全面，要弄清这一问题受哪些因素的影响和制约；三是信息要素要全面，不仅要把信息发生的时间、地点、状态、趋势交代清楚，还应当有材料、有观点、有分析、有建议。

信息内容要准确，这是政务信息最起码的要求。它一方面要求信息资料准确无误，这些信息内容都要数据准确，计量科学，表达清晰。另一方面，经过加工制作后的信息要准确反映事物的本来面貌，揭示事物的本质。

（3）及时高效

信息与时效不可分割，两者的关系呈正比，即信息越及时，它流动的速度越快，在实践中获得的效益越高，信息工作也就搞得越好，反之亦然。办公室工作人员在信息的捕捉上要有强烈的时间观念，反应要灵敏、快速，加工要快节奏，传递也要加快速度，尽量缩短信息的滞留时间，使领导能够在复杂多变的情况下，及时得到最需要的信息。

（4）主动性

办公室工作具有从属性，带有一定的被动性，信息工作使这种被动性朝着主动性方向迈出了一大步。信息具有来源广、传递快、内容新等特点，它本身就带有某种主动性。但是随着时间的推移和形势的发展，单靠信息自有的这些特点来做信息工作，已不能完全保证和满足各级领导的需要。信息工作要搞好主动服务还必须“打开眼界”“拓宽路子”。例如，可选择一些题目，走出办公室开展“短线”调研；对某些信息适时追踪、反馈；提供超前信息服务；善于总结经验，找出差距，吸收别人的好做法以推动工作等。信息工作人员要坚持理论与实际相结合，真正闯出一条搞好主动服务的路子来。

（5）协调性

信息工作人员既要注意内部的联系与协调，又要注意与外部的联系与协调。在内部，信息工作要与综合调研、督促检查等工作互相配合、紧密联系、协同作战。在外部，应与各地、各部门保持稳固的联系，联系越紧密越能产生积极的整体效应，发挥整体功能。

（6）内部性

政务信息工作具有较强的内部性，在日常工作中应该做好保密工作：一是把保密工作作为一项经常性的工作来抓，并把它落实到日常业务中；二是制定信息工作方面的保密制度，并严格执行单位内部的其他各项规章制度；三是定期检查信息工作保密制度的执行情况；四是对信息中涉及的机密不乱说乱讲；五是实现办公自动化后，大量的信息要靠计算机储存，如发现计算机出现故障或“病毒”感染，应及时通知计算机维护人员进行排除，同时要建立健全计算机的管理、使用、维护等制度，以利于计算机保密。

（二）政务信息的来源与收集

1. 政务信息的来源

政务信息的来源可以通过以下 15 条加以概括：领导口中理信息；讲话稿中找信息；联系上级摸信息；会议之中捕信息；文件堆里挖信息；翻阅材料筛信息；跟踪问效知信息；参与活动追信息；重大事件抢信息；深入基层拾信息；关注新闻抓信息；掌握规律淘信息；情况反馈传信息；与外联系通信息；利用网络选信息。

（1）领导口中理信息

通过剖析领导视察工作的思路，检查工作提的问题、现场办公定的要求获取题材。领导关注的，一般不是单位工作亮点、创新点就是瓶颈、难点，就着这条线往下挖掘，往往会有收获，且成文采用率较高。

（2）讲话稿中找信息

通过学习领导讲话稿中闪光的思想、有哲理的观点、有指导性的意见获得题材。

（3）联系上级摸信息

通过学习上级的新形势、新情况和新要求获取题材。

（4）会议之中捕信息

通过学习会议精神、领导在会议上提出的要求获取题材。

（5）文件堆里挖信息

通过看文件的实施方案、意见、总结报告等寻找题材，要有敏锐性，挑出亮点，或者挑出线索、按图索骥。

（6）翻阅材料筛信息

通过看会议材料、汇报材料、总结材料寻找题材。

（7）跟踪问效知信息

从领导批示，会议纪要所定工作落实的情况获取题材。

（8）参与活动追信息

通过跟踪各类活动获取题材。

（9）重大事件抢信息

在重大事件中挖掘信息，要增强政治敏感性，提高快速反应能力。

（10）深入基层拾信息

通过调查研究基层工作情况发现信息。

（11）关注新闻抓信息

关注媒体报道，寻找与我们工作相关的热点。

（12）掌握规律淘信息

这是常年要做的常规性工作。

（13）情况反馈传信息

跟基层单位或兄弟单位、部门在交流反馈政策贯彻落实情况和存在的突出问题。

（14）与外联系通信息

与其他部门交流经验，寻找题材。

（15）利用网络选信息

要多看、多搜、多联系。

总之，在平时多做有心人，不妨多看领导讲话材料、部门文件，及时了解上级工作部署、实时熟悉同级部门动态、实时掌握下级工作进展，这样我们就能在写作过程中有“米”可以用，才能写出有价值、质量高的信息来。

2. 政务信息的收集

政务信息涵盖范围广、涉及面宽、内容繁杂、形式多样，要建立信息网络，注意采用科学的方法。

（1）信息网络

大量信息能否及时收集上来，关键在于是否有一个畅通的信息渠道。政府系统的信息网络，主要有四个分支系统：一是各级政府办公部门上下级之间建立的纵向分系统；二是同一地区办公部门与政府各个职能部门间建立的横向分系统；三是政府组成部门和下一级政府办公部门分别组建的二级、三级分系统，也叫延伸分系统；四是各级办公部门和驻外办事处、兄弟省市间建立的扩散分系统。企业集团也有类似的信息网络。在扩展网络和队伍的同时，还要注意同广大干部群众的联系，实行点面结合、专业人员和群众结合，从而建立一个多层次、多角度、反应灵敏的“神经传导系统”，以保证快速有效地收集信息。

（2）收集的方法

调查研究法。常用的方法有探测性调查、描述性调查、因果关系调查和预测调查。

系统分析法。就是对信息所反映的情况不是孤立静止地看待，而是作为一个整体的某个部分、某个要素，从这个部分与整体的相互联系、这个要素同其他要素的相关作用去分析，从而揭示这一情况和问题发生的背景，包括制约其发展的因素，以及其变化过程和发展趋势，使加工整理后的政务信息能够全面反映事物的特征、本质，以符合政府管理决策的需要。

换位思维法。是指在研究某一问题时，运用矛盾分析方法，从不同的角度去分析研究，从问题涉及的几个方面去考察，即全面辩证地看问题。既要从问题涉及对象的角度换位，又要从决策涉及对象的角度换位，还要注意在从属关系上换位思维。

综合加工法。就是对大量、片面、零散的信息资料，运用科学的方法加以汇总、归纳、分析和推导，从错综复杂的事物中，找出其相互之间的关系，并加以高度概括，以更加准确、全面地反映事物的全貌和本质，总结事物发展变化的规律，得出新的结论，成为更有参考价值的、为决策者所需要的综合性信息。综合加工的程序：一是分类，即对获得的信息按反映的内容、层次分门别类；二是比较，即将信息的价值量、代表性进行同类比较；三是鉴别，即对原始信息资料的性质、使用价值、可靠性、真实性进行鉴定；四是选择，即从中选出有代表性、准确性高、可以作为依据的信息。

网络互补法。就是运用信息网络的互补效应，对信息进行加工处理。它的最大特点是对任何一条信息，任何一个情况，都既能从横向网络中考察它的广度，又能从纵向网络中了解它的深度，从而全面地把握信息全貌，了解它的本质。其操作方法：一是利用网络运转灵活、反应敏捷的特点，及时收集信息；二是利用网络的互补功能，提高信息的综合水平；三是利用网络的纵横联系，比较鉴别信息的代表性。

分类储存法。收集的信息，有的并非立即就用。有的虽然立即使用，但还要留作以后参考。因此，对信息进行储存，就成了信息工作的一个重要内容。信息资料的分类，就是将大量的信息资料按照它们的内容性质、形式体裁、作者观点以及基本用途的异同加以区分，将其分门别类地归结到相同或相近的一组信息资料中去，以汇总成一个信息为最终目的。在排列方法上，可以分为按内容排列和按形式排列两种。按内容排列又包括分类排列法和专题排列法。按形式排列包括登记号排法、固定排架法、字序排架法等。

（3）收集的原则

在收集信息的时候，无论采取哪种方法，都要根据信息固有的特征，按信息运动的规律办事，注意坚持以下几个原则：

一是突出信息的目的性。在收集信息时，必须首先明确服务对象及其所需信息的用途，然后有针对性地进行收集。如果是为领导机关决策服务，就要尽量收集一些具有全局性的宏观战略信息；如果是为一个业务部门服务，就要尽量围绕其业务范围收集有关信息。只有针对信息服务对象的工作内容、方针、任务和具体要求，有的放矢地进行收集，才能使获得的信息更有价值。

二是保证信息的真实性。信息的真实性决定信息的生命。真实、准确的信息，能使领导者做出正确的决策。失真、虚假的信息，会导致错误的决策，造成重大失误。在收集信息的过程中，要尊重事物本质特征的客观性和反映事物的真实性。要有一说一，既不夸大，也不缩小；要真实地反映事物发生的经过、原因和结果，不能捕风捉影或随意歪曲事情的真相。对模糊不清的信息要追根溯源，挖掘信息的精髓和真值，最大限度地消除不确定因素。

三是注重信息的时效性。收集信息必须具有机不可失、时不再来的时间观念，敏锐地发现、及时迅速地捕捉那些有用的信息。即使价值很大的信息，如果不及时收集，一旦时过境迁，就会失去价值。

四是保持信息的系统性。事物的运动具有连续性，信息的发生和流传具有有序性、层次性、系统性。在搜集信息时，对某一事物的系统动态和变化特征，必须进行系统收集，并使信息的传播具有衔接性和连续性，发挥信息的潜在功能。同时，要根据已经开发、积累的已知信息及其规律，预测和推断未来，演化成价值更大的预测性信息。

五是注意信息的全面性。大量信息是有机联系的，在收集信息时，既要尽可能拓宽开发领域，从整体上对事物进行全面了解，也要深入挖掘事物内部结构的各种相关制约因素。具有一定广度和深度的信息，能客观地反映事物的全貌及其本质特征，能充分发挥信息的利用价值。

（三）政务信息的加工与处理

政务信息的加工与处理是决定信息命运与价值的关键环节。信息在未加工整理之前一般是感性的、零散的、无序的和不系统的，并且难免夹杂一些不真实的和不确定的因素。对获取的原始信息材料，必须根据一定的要求，按照科学的程序进行筛选、分类、分析、判断和整理，使之成为领导者所需要的真实准确的信息。政务信息加工是指政务信息人员运用各种科学的方法，按照一定的程序，针对政务信息素材的外在特征和内容进行有序化和综合处理，并形成特定加工成果的活动。

政务信息加工的作用主要体现在以下几个方面：一是有利于克服无序化的海量信息与特定利用者的特定需要之间的矛盾；二是能提高政务信息

的准确性和真实程度；三是能降低政务信息的冗余度，使其定向浓缩，提高使用价值；四是有利于提高信息对领导决策的参与程度，更好地发挥政务信息人员的参谋智囊作用。

信息的处理包括选择判断、综合分析和加工整理等过程。在电子技术高度发展的今天，计算机已经可以模拟人的思维功能，进行逻辑推理和判断，从而为信息的加工处理提供了广阔的前景。但在许多情况下，信息的加工处理依然要靠人的大脑和手来完成，因此，这里介绍的信息处理方法主要是指人工处理法。

1. 加工

筛选。筛掉重复、过时的信息；分析信息的主题思想，剔除与主题无关的信息；寻找信息的新特点；衡量信息的效用。

分类。从层次上可分为上报、下发、内部传递、对外交流等；从形式上可分为文件、简报、参阅件等。

鉴别。主要是鉴别事实的真伪，认证事实要达到真实、准确、科学、统一、时效五个要求。

编写。编写的原则是真实准确、合理适用、系统层次，编写的要求是主题鲜明、标题新颖、结构严谨、语言凝练。

2. 审签

审签具有审核、把关和定向的作用，包括送审、核定、签发、登记四项。

3. 报送

报送具有指令性、规定性的特点，要按要求报送和审签报送。

4. 分层次传递

分层次传递应选用科学的传递形式和传递工具。

5. 查办和反馈

查办和反馈包括立项登记、交办办理、反馈办理等环节。

（四）政务信息的传递与反馈

1. 政务信息的传递

信息的传递是信息工作的一个重要环节。人们搜集、加工整理信息的目的不是收藏，而是利用。从整个信息工作看，如果信息不传递，信息的收集和加工整理工作就成为无效的劳动。信息只有经过传递，才能变为实际利用的资源和现实财富；传递速度越快，范围越广泛，实现的财富也就越多，取得的经济效益和社会效益也就越大。

（1）信息传递的渠道

信息传递的渠道有单通道传递和多通道传递两类。

单通道传递。是指信息从信息源发出后，沿着固定不变的单一通道传递给接收者的传递方式。是在信息网的纵向渠道中最常用的信息传递方式。采用单通道传递信息的单位，常在组织上有一定的隶属关系，因此传递的速度比较快，所传的信息也具有很强的针对性，有用程度也比较高。

多通道传递。是指信息从信息源发出后，沿着多种通道传递给接收者的传递方式。多通道传递，可以弥补单通道传递中信息被延误、截留或被修正变形的缺陷。多通道传递的缺点是，信息接收者从不同的通道去接收同一信息，造成重复和浪费。

（2）信息传递的方式

信息传递的方式分为口头传递和书面传递两类。

口头传递。包括个人交谈、举行会议、打电话等形式。口头传递信息的好处是，可以不受任何限制，不需要笔墨纸张，能直接进行交谈，传递的速度较快。当面交谈时还能传递一些表情、动作，以加强传递的功能，提高传递的效果。但是，口头传递的信息不易储存，受人为因素影响，传递过程易使信息失真。

书面传递。是把信息变成文字、符号、图像等形式进行传递。由于信息在传递之前就被浓缩成书面信息资料，减少了模糊度和多余度，内容比较集中，价值也较高。而且这种书面信息资料可以远距离多次传递，传递过程中不会变形，可以避免失真。同时这种书面信息资料还便于储存。这种方式被广泛地采用。

（3）信息传递的工具

信息传递的工具很多，目前最常用的有内部文件、邮政交通、电话、电报、传真、广播电视、卫星通信以及计算机网络等。无论以何种形式进行信息传递，都要注意以下几点：

一是要适量。在通常情况下，传递的信息数量应当尽可能多些，这可以使接收者了解更多的情况。但过多的信息不仅造成浪费，也会使人陷入“文山”之中。

二是优质。信息的质量越高，价值越大。这就要求所传递的信息要真实全面，既报喜，又报忧，可信度高。

三是迅速。传递信息必须迅速，要采用先进的传递工具，在最短的时间内把信息传递到接收者手里，确保信息的时效性。

四是保密。信息传递的范围都是一定的，需要传到什么地方、什么范围的，只能传到这一地方和这一范围。机密信息在传递过程中要按保密规定处理，严防失密。

2. 政务信息的反馈

（1）政务信息反馈的种类

政务信息的反馈包括正反馈和负反馈两类。

正反馈。使系统的输入对输出的影响增大，也就是说反馈回来的信息对决策者的组织指挥起肯定加强作用，使工作按既定的方向发展。

负反馈。使系统的输入对输出的影响减小，可以及时发现和纠正系统中的偏差和谬误，使系统偏离目标的运动收敛，保证系统达到预期的目的；或者说返回的信息对决策者的组织指挥起减弱、否定或部分否定的作用，改变或部分改变原来的工作状态，以期取得系统的最佳效益。

无论是正反馈还是负反馈，都是对不断变化的客观实际的反映，掌握反馈机制，对各级领导有效地进行决策指挥是十分重要的。由于负反馈可以及时发现谬误和偏差，在一定意义上对实现管理目标具有更重要的意义。

（2）政务信息反馈的渠道

信息反馈的渠道是多方面的。以个别面谈的形式，口头反映问题、汇报情况是信息反馈；通过召开各种类型的会议，搜集各方面的反映也是信息反馈；利用文件资料书面反映信息是信息反馈；开展调查研究，获取情况也同样是信息反馈。但现代管理中的信息反馈机制则主要依靠信息网络，一个完整统一、精干合理的信息网络，是信息反馈最有效、最可靠的渠道，通过网络循环往复地进行信息反馈，领导者可以源源不断地获得反馈信息。

信息的反馈，既在决策之末，又在决策之始。决策—执行—反馈，再决策—再执行—再反馈，构成一个循环回路。每次反馈，都对决策进行修正和调整，使管理不断进步和完善。一个现代管理系统，能否有效地进行指挥，不仅取决于控制系统能否及时准确地接收、处理、利用各种信息，还取决于反馈系统是否具有灵敏、高效的信息反馈机制。只有及时发现和管理与变化着的客观实际之间矛盾的信息，并高效地进行处理，信息反馈才有可能转化为指挥中心强有力的行动，使之更加符合实际情况。

三、如何做好政务信息工作

（一）树立信息观念

加强信息工作，首先必须解决思想观念问题。新形势下，科学决策离不开广泛、准确和及时的信息，因此，办公室工作人员应加强对信息工作必要性与紧迫性的认识，立足新形势新任务新要求，紧密围绕企业战略部署和科研生产经营管理中心工作，进一步增强“围绕中心、服务大局”的责任感、使命感和紧迫感，树立信息观念，强化信息工作职能。这是开展信息工作的基础和前提。

信息工作是一项长期工作，涉及单位各个层面，需要全员参与、共同努力，更需要领导的时刻关注和大力推动。只有领导始终将政务信息工作摆在突出位置，自上而下地大力推动工作落实，在各方面给予大力支持，让越来越多的人认识、掌握、依赖和主动利用政务信息，共同努力推进企业“大信息格局”的建立，政务信息工作才能持续有效开展，从而真正发挥作用。

（二）建立健全信息工作制度

为不断提升企业政务信息工作的科学化、规范化水平和研究能力，更好发挥政务信息服务企业高质量发展的重要作用，企业应根据中共中央办公厅、国务院办公厅、国务院国资委等上级部门最新工作要求和企业工作实际，制定政务信息工作管理制度，明确政务信息工作机构和职责、工作制度、重点内容及分类、工作考评与考核等相关要求。

一要加强信息机构建设，明确责任。要高度重视信息工作，健全组织机构，明确负责信息工作的各级主管领导及工作人员，保证信息工作正常开展的必要经费和条件保障。进一步畅通信息报送渠道，不漏报、迟报。报送政务信息应按照公文管理程序审核、签发，明确信息工作载体，一事一报，加强信息的审核把关，重要信息要经过领导审核和部门会签，确保信息内容全面真实、准确无误。强化重要信息约稿落实，按照要求的内容和时限报送信息。

二要做好信息工作计划部署和实施。要把政务信息工作作为专门领域看待，要有针对性地进行全年信息工作的统筹策划，明确报送信息的范围和重点内容、重要信息的相关责任和报送时限，并进行动态跟踪检查。突出战略问题思考，深化政策分析研究，推进政策研究与信息工作融合与互促；加强对各级信息的采用分析，研究规律、动态调整。对急事、要事和突发性事件应迅速报送，必要时要跟踪连续报送。对重大突发事件信息的报送，按应急预案的信息报送要求办理。重大事件除及时使用电话、传真等手段报送信息外，还应尽快报送正式书面信息。

三要做好信息工作考核评价。要加强信息工作的考评和激励，激发工作积极性、主动性和自觉性。及时通报信息采用和计分情况。及时对工作先进单位及个人给予表扬，对于迟报、漏报重要信息或报送信息出现错情的单位和个人要有处罚措施。建立并完善奖励稿酬制度，鼓励多报信息、合并报信息、报信息精品。

四要做好保密工作。在收集、拟制、报送信息的过程中，必须严格遵守党和国家的保密法律、法规、规章及企业保密制度。对信息知悉范围、报送机构或人员、报送渠道有特殊要求和明确规定的，按照相关规定执行。要正确标明信息密级并使用符合保密规定的报送渠道，确保不发生失泄密事件。

国务院国有资产监督管理委员会办公厅关于印发《中央企业信息工作暂行办法》的通知[①]

国资厅发〔2006〕15号

各中央企业：

为进一步规范中央企业信息工作，提高中央企业信息工作的质量和水平，我们制定了《中央企业信息工作暂行办法》。现印发给你们，请认真遵照执行。

国务院国有资产监督管理委员会办公厅

二〇〇六年四月六日

① 引用自《国务院国有资产监督管理委员会公告》，2006年04期。该办法已于近期修订，在此仅作为参考样例。

中央企业信息工作暂行办法

第一章 总 则

第一条 为实现中央企业信息工作的规范化、制度化、科学化，参照中共中央办公厅、国务院办公厅信息工作管理有关办法，制定本办法。

第二条 中央企业信息工作的主要任务是：围绕党和国家及国资委的中心工作，反映企业的重要工作情况，为领导同志和上级部门了解情况、科学决策、指导工作提供信息服务，促进中央企业之间的沟通、交流、学习。

第三条 中央企业要加强对信息工作的领导，建立工作体系，完善工作机制，不断提高信息服务质量和水平。

第二章 工作机构和工作队伍

第四条 中央企业信息工作的归口部门是国资委办公厅（党委办公室，下同），具体办事机构为办公厅信息调研处。

第五条 中央企业要明确信息工作的主管部门及负责同志；确定一名信息联络员，负责组织开展信息工作及与国资委办公厅的日常联系。中央企业要将信息工作负责同志和信息联络员的有关情况报国资委办公厅备案。如有调整，须及时报告。

第六条 中央企业要根据工作实际，充实完善信息工作机构，配备必要的信息工作人员，确保信息工作正常开展。要在总部内设机构和企业所属各级单位设立信息联系点，确定信息员，建立健全信息工作网络。

第七条 中央企业要在参加会议、阅读文件、调查研究、业务培训、干部交流等方面为信息工作人员积极创造条件。

第三章　工作制度

第八条　重要信息报送制度。中央企业要紧紧围绕中心工作，及时向国资委办公厅报送下列信息：

（一）党和国家有关重大方针、政策出台后的反应及贯彻、落实情况。

（二）国资委重要工作部署的落实情况。

（三）生产经营中的重要统计数据，重点项目、重大工程及有关重要工作进展情况。

（四）工作中出现的新情况、新问题及相关措施、建议。

（五）工作中的经验及做法。

（六）其他重要信息。

中央企业报送信息要专设简报，一事一报。非涉密信息通过国资委电子公文简报传输系统或电子邮件（xinxi—bg@ sasac. gov. cn）报送，涉密信息按有关规定报送。

第九条　信息审核制度。中央企业向国资委办公厅报送信息，必须经本单位信息工作负责同志审核、签发。

第十条　重要信息约稿制度。根据工作需要，针对领导同志关心的重点、难点、热点问题，国资委办公厅向中央企业进行重要信息约稿。各企业要认真组织编写，确保质量，按时完成。

第十一条　信息通报表彰制度。国资委办公厅定期向中央企业通报信息报送及采用情况。年终根据各企业被采用信息的得分情况（具体标准见第十六条），评选中央企业报送信息先进单位和先进个人，予以表彰。

第十二条　交流培训制度。国资委办公厅每年不定期组织召开中央企业信息工作座谈会，沟通情况，交流经验，培训业务。

第十三条　信息调研制度。国资委办公厅围绕重要信息选题，组织相关企业开展信息调研。

第四章　信息质量及评价标准

第十四条　中央企业向国资委报送的信息分为动态类信息和综合类信息。动态类信息是反映重要工作进展情况的简要信息；综合类信息是对某一方面重点工作进行全面汇总、发现问题、分析原因、提出对策建议的信息。

第十五条　信息要保证质量，符合全面、及时、准确、规范的要求。

（一）反映事物的全貌和发展的全过程，喜忧兼报，防止以偏概全。

（二）情况、问题、数据真实、客观，不夸大、不缩小，有时效性和可比性；举措、经验有新意和参考性，对策、建议有针对性和可操作性。

（三）信息内容重点突出，文法规范，逻辑严谨，言简意赅，要素齐全，可读性强。

第十六条　为提高信息工作质量，国资委办公厅对中央企业被采用的信息实行记分制。标准如下：

（一）被国资委办公厅采用上报中共中央办公厅、国务院办公厅的综合类信息，每篇 8 分；动态类信息，每条 3 分。

（二）被中共中央办公厅、国务院办公厅综合类信息刊物采用的信息，每篇加 8 分；被动态类信息刊物采用的信息，每条加 3 分。

（三）党中央、国务院领导同志批示的信息，每条加 7 分；国资委领导同志批示的信息，每条加 5 分。

（四）被国资委办公厅信息刊物采用的综合类信息，每篇 5 分；动态类信息，每条 2 分。

（五）同一信息被国资委办公厅多次采用的，原则上只记最高得分，不重复计分。

第五章　附　则

第十七条　本办法由国资委办公厅组织实施，并负责解释、修订。

第十八条　本办法自公布之日起施行。

（三）加强信息工作队伍建设

1. 建设信息工作两支队伍，确保信息工作正常有序开展

配齐配强人才队伍，建立一支政治敏感性强、业务素质高、工作作风好的信息管理人员队伍，确保事有人管、责有人负；积极挖掘和培育具有战略思维、全局视角和较强写作能力的撰稿人队伍，提高全员信息意识，形成“人人都是信息员”的良好氛围。要建立协同机制，采取协同调研、协同组稿等多种方式，促进两支队伍力量充分发挥。

2. 用好专家智库资源，进一步提高信息工作质量

搭建高等院校、科研机构、高端智库、新闻媒体等内外部专家、学者和专业人员沟通交流的平台，充分借力“外脑”、建强信息渠道，通过相互启发、多方印证提升信息选题的精准性、政策建议的建设性、文稿内容的准确性，形成一批科学化、专业化研究成果。

3. 加强培养培训，为信息工作持续健康发展提供保障和动力

要加大人才队伍培养力度，保护和调动人员积极性，充分创造教育培训、调研交流等机会，为提高信息工作人员综合素质和业务能力创造条件；强化激励措施，开展先进人才和优秀成果评选，积极营造生机勃勃、富有活力的信息工作生态。

第三篇　政务信息的写作

一、政务信息写作概述

（一）政务信息写作的基本原则

政务信息写作的基本原则是：全面、及时、准确、规范。

全面：保证信息完整性。

及时：提高信息时效性。

准确：确保信息真实性。

规范：在信息报送的各个环节做到程序化、规范化、科学化。

（二）政务信息写作的总体要求

概括为二十四字诀：主题鲜明、标题新颖，结构严谨、逻辑清晰，语言凝练、惜字如金。

主题鲜明、标题新颖。题常意要新，意常题要新。争夺“注意力”的时代，要力求在海量的信息中成功获取领导的注意。围绕“领导需要知道的”和“需要领导知道的”精准选题，紧跟国家战略和社会热点找准切入点，紧密围绕中心工作找准切入点。强化精品意识，着力提升信息“含金量”。报喜也报忧，往往具有代表性的问题和困难，恰恰是领导关注的“信息点”。主题、标题是信息内容的统帅、纲领，要观点鲜明、吸引眼球、言之有物。

结构严谨、逻辑清晰。特别是综合信息，一般结构如下：

主　题

导言

背景情况

趋势问题分析

启示建议

横向到边、纵向到底，当粗不细、当细不粗。调查研究要充分、全面——5W1H（原因、对象、时间、地点、人员、方法）等要素，必要的背景和意义。站在行业、全局、全国、全球的角度，结合具体事件进行分析论证。要全面深刻、逻辑清晰、切中要害，内容与标题一致，内容与事实一致，内容要能够充分支撑主题的观点。要素内容、有关描述要准确，尽可能用数据说话，客观、真实反映情况。启示建议要可执行、可落实。

语言凝练、惜字如金。提炼出文件的中心、亮点内容，力求用一句话概括核心观点。内容精练、篇幅精干、可读性强。

（三）政务信息写作的注意事项

1. 如何提升政务信息报送的采用率?

一般来讲信息采用有四条原则：

一是价值相当，报送时间以“早”领先。注重时效，做到人无我有。

二是内容相近，反映角度以“新”居先。有特色性，做到人有我新。

三是现象相同，揭示本质以“深”为主。选好角度，做到人新我变。

四是文笔皆精，信息优劣以“实”取胜。真实权威，做到人精我实。

要满足需求，通过信息点“穴”，让领导了解“他需要知道”的；更要引导和创造需求，利用信息挠“痒”，让领导了解“需要他知道”的，只有真正与领导的关注点形成“共振”，才能最终实现“双赢”。

2. 如何提升政务信息价值?

一般来说，提升政务信息价值的突破口有以下几点：

一是选题好，能抓住要害，易被领导关注。

二是在“深”字上多下功夫，把信息与调研紧密结合，材料丰富，深度挖掘，使信息有较强的思想性、层次性和可操作性。

三是结合本职工作，注重从领导意图、重点工作中捕捉和梳理信息。

四是提高写作能力和技巧，使信息文本能够精益求精，具有很强的可读性。

在具体的政务信息写作过程中，还有以下几点技巧需要注意：

一是要用科普性的语言描述先进性及结论，只需用关键性的技术指标来支撑结论，忌用太多专业技术数据。

二是要紧紧抓住信息的“填补国内空白”“科技自立自强”“国家信息安全”等“文眼”或“要害”，所有文字都是为这几个“文眼”服务，要切题。

三是向上级提出建议，想引起领导关注主要有两个方向：换位思考、用户体验。“换位思考”，站在信息受众即“领导”的角度思考，领导关注什么，领导乐于见到什么，希望领导关注什么。“用户体验”，要洞察变化，注重筛选、核实、综合、沟通，突出问题的新颖性，有新意、有深度、有可行性，让领导看到眼前一亮或可以引起思考；如是上级普遍认同的观点，没有特别的新意，就要写出我们的优势，上级要做这件事，但为什么一定要支持“我们”而不是“别人”来做，是我们要在文中体现出来、让上级看到并且能够说服上级的。这样的建议类综合信息才能够得到上级的关注和采用，才能够真正成为工作的“助推器”。

二、政务信息写作要领

（一）政务信息的选题

1. 选好信息点，效果事半功倍

政务信息选题的信息点可用“六个点、七件事”概括。

六个点：重点、亮点、热点、难点、盲点、疑点。

七件事：大事、好事、坏事、难事、新事、领导听不到的事、可能发生的事。

报送重点不止集中在重点、亮点、热点、大事、好事，要多在难点、盲点、疑点、坏事、难事、领导听不到的事、可能发生的事上找信息，不

能只报喜、不报忧，因为热点、亮点大家都在报，领导已经看到麻木；而真相或发展思路往往藏身于问题与困难之中，而且如果拿不太准的事情得到了领导批示，就相当于得到了前进的方向和依据。领导在出台重要举措和政策之前，往往会特别关注推进过程中遇到的问题，一旦信息中提的问题和建议切中领导“要害”，将会进入领导决策的视野，其中的益处不言自喻。

此外，可以加强对本单位软科学课题研究、管理创新成果、各类课题和调研报告等方面成果的转化研究，挖掘信息来源，拓展应用范围。转变思维方式，从多角度观察和思考，发现和分析问题，特别是注重对问题内在的深入分析，在看似平淡的事件中挖掘新的信息点，察人之所未察。还可以加强与本单位其他部门的合作，例如加强与宣传部门合作，共享信息渠道，可以形成合力，确保信息工作有充足的源头活水。

当前，信息来源广、传播速度快，我们正在享受网络时代海量信息的红利。在互联网时代，能够有效“降噪”、获取有价值的信息，是一种竞争力，要充分利用信息革命的海量信息红利，利用好移动互联网媒介，主动适应，加强甄别，强化有价值信息的获取能力，练就一双善于发现信息、精于提炼信息的慧眼，培养锻炼有效信息快速筛选、占有的能力，将极有利于信息的素材收集和选题工作。

2. 各级领导部门关注的重点

了解领导关注的需求，编报信息才能有的放矢、取得实效。要研究需求，满足需求，进一步创造需求，引导需求。关注的内容包括但不限于：

习近平新时代中国特色社会主义思想和习近平总书记等中央领导同志重要指示、批示精神的学习贯彻落实情况。

国际、国内重大政治、经济、军事、文化等事件的热点、焦点、难点问题的跟踪、解读及启示建议。

党中央、国务院、中央军委、国家部委等领导同志视察、调研活动情况以及重要指示。

企业有关重要政策、举措的贯彻落实情况。

企业经营发展的新成绩、重点产业、新兴领域；重大科研项目、重点型号任务进展情况、存在问题及措施、建议；产业发展、改革调整等重要经营管理活动进展情况、存在问题及措施、建议；经营管理的新举措、新经验；主营业务发展现状、趋势预测等情况。

重大技术成果和产品鉴定。

重大奖项和重要表彰。

思想政治工作、稳定工作情况，精神文明建设、党风廉政建设的典型事例及经验。

紧急、突发和续报事件进展情况、原因、后果及处理情况。

……

3. **政务信息选取范围**

可以从以下方面拓展政务信息选材领域：

（1）动态信息方面

以下整理了企业常见的8大类重点关注的内容。

类别	关注的焦点内容
市场开拓类	主责主业、国际化经营、资本运营；战略合作、产品上市、市场营销、中标、签约、交付等工作亮点；重要领域或项目列入上级规划、计划情况
预先研究类	探索研究、预先研究等工程、项目立项、启动、评审、批复、验收、结题和其他关键节点和重要会议
研发制造类	项目立项、重要阶段性试验，服务保障等关键节点和重要会议。重点产业的推进情况
技术创新类	新产品关键技术攻关（含阶段性进展）及其应用
综合管理类	改革调整、知识产权管理、科技成果管理、固定资产投资管理、质量管理、标准化管理、工艺管理、社会责任等方面的重要节点或突出成绩

续表

类别	关注的焦点内容
机构资质类	成立实验室、技术中心、研发中心等；产品列入国家采购目录、在主营业务领域取得重要资质等方面的进展情况
领导来访类	上级领导视察、调研、指导、检查工作情况
获奖表彰类	人才培养、获奖等

例：

××单位××技术获得重要突破

××单位产品在全国××大赛中名列第一

××单位成为国内首家××机构

××单位××课题通过国家自然科学基金重大仪器项目终审

××单位“××技术研究”项目获得军科委立项批复

（2）专题类、综合类信息方面

学习贯彻落实习近平新时代中国特色社会主义思想和习近平总书记重要指示批示精神、党和国家重要会议精神、有关重大方针政策的情况。

学习贯彻落实党中央、国务院、中央军委及国家综合部门领导同志相关重要指示、批示精神的情况。

重点围绕国内外局势变化、改革发展方向与热点领域、新兴业态与前沿技术发展、军事需求、装备技术演进、国计民生、社会热点焦点问题的政策建议。

企业重大战略部署和重要决定落实情况，推进主责主业、国际化经营、资产运营、科技创新、质量管理、人才队伍建设、企业数字化、企业党建等工作的总体进展情况和典型做法。

其他带有普遍意义的创新性做法与经验。

例：

贯彻落实中央领导重要指示精神　××单位着力构建××产业新发展格局

××单位多措并举促进“加强‘一把手’和领导班子监督”各项措施落实落地

××事件对我影响分析与建议

（二）政务信息标题确定

标题是信息内容的统帅、纲领，要提炼出文件的中心内容或文件中的亮点内容。“题常意要新，意常题要新”，这是对标题较高的要求。如何写好标题？

1. 言之有物

政务信息标题要引人注目，言之有物。

例：某地召开中等教育会议

改：某地中等教育会议决定改善中等教育诸项制度

例：关于中等教育问题

改：恢复和开展中等教育是当前的重大政治任务

标题必须有内容，原题并无内容，不能引人注目。

2. 题文一致

标题必须与内容一致，有两方面含义。一方面，事实与内容相一致，不能用一些不适当的副词、形容词，以免华而不实、故弄玄虚。另一方面，标题的观点在正文中要有充分的依据。

标题要求：

一是准确，准确反映出文章的内容。

例： ××单位中标××国际机场二期工程

改： ××单位中标××国际机场二期空管气象工程风温廓线雷达系统项目

例： 广州亚运会项目在全国率先成功实现“万兆”升级

改： 广州亚运会项目在全国率先成功实现公安主干网“万兆”升级

二是鲜明，基本思想清楚明确，毫不含糊。

例： ××单位××产品首获批量采购任务

改： ××单位××产品批量应用于国家重点工程××项目

三是深刻，要把情况写明、写透。

例： ××单位研制的××研磨机投入使用

改： ××单位研制的××研磨机投入使用并填补国内空白

3. 正确选用句式

标题一般采用陈述句句式，并且多用主谓型结构，信息一般不用两栏标题，提倡单句实体，讲究简洁明快，一语道破。

例：

××单位××成功中标××政府采购项目

××单位××、××当选中国科学院院士

××单位××技术助力国家××研究

标题要有画龙点睛的作用，虽然不像新闻标题一样有噱头，但也要吸引人，让人有想看下去的愿望。

例： ××单位机场气象雷达国内民航市场占有率保持领先

4. 交代好背景

信息标题中恰当地表达背景信息，更容易引人关注，加重信息的分量。常见的背景有三类：

其一是人物背景。一般来说，以领导为背景，是为了对领导关注和交办的事情有个交代。

> **例：**××省副省长×××到××单位调研指导工作

其二是时间背景。包括过去、现在、将来，以加深读者印象。

> **例：**2022年世界500强企业排行榜分析的启示及建议

其三是时事背景。包括政治形势、经济形势以及知名度等，背景材料的选用主要是为了突出信息的重要性。

> **例：**从俄乌冲突看大国博弈

标题点明以俄乌冲突为背景。

5. 使用好数据

用数字说话，是政务信息一个显著的特点。一般来说，孤零零的数字不好理解，有比较的数字好理解；零散的数字难理解，概括归类的数字易理解。因此，政务信息在采用数据上，可以采取如下方法：

其一是比较法。即用纵向比较、横向比较、类比等方式，让数字在对比关系中反映出所要表达的意思。

> **例：**××单位首创××实现功率达到××kW的国际先例

其二是换算法。对原始数据进行艺术处理，将绝对数变成相对数或将数字换算成增长数，使之更明白。

> **例：**××省资产前三季度经营指标实现翻倍增长

其三是综合串联法。就是将一组相关的数字联合起来使用。

例：××厂矿用避险舱 10 人 96 小时真人试验获圆满成功

（三）政务信息的结构

主题确定了之后，怎么来表现，就是结构的问题。政务信息要求简洁、清晰、一目了然，以方便领导阅读，结构比文学作品、公文、新闻报道要简单得多。虽然简单，却不容易把握。政务信息在写法上要避免素材的堆积，一般采取直言表达，总分结构。重要的、核心的内容，即亮点在前，次要的、相关说明的背景在后。围绕主体巧用背景材料，灵活穿插。

例：

××单位研制成功国内首台自动同步给药系统
填补国内技术空白

近日，××单位与××医院联合攻关，成功突破系列关键技术，研制出我国首台后置式医用一氧化氮自动同步给药系统，填补了国内技术领域的空白，使我国在高端医疗器械研制方面取得重大突破。该设备的研制成功，将极大增加临床吸入一氧化氮治疗的安全性和有效性，能显著降低患者治疗费用并减少国家的医疗财政负担，同时将带动国内吸入一氧化氮相关产业发展。

该项目获得了××市科委 20××年度生物医药领域“创新品种临床前研究”专项资金支持，并具有自主知识产权。它通过创新性设计，利用浓度反馈机制自动精确控制吸入一氧化氮浓度，使用后置式吸入方式缩短一氧化氮与氧气接触时间，显著降低了一氧化氮的毒性危害，并与患者呼吸周期同步，具有自动化、多功能、高兼容性和安全性高等特点，可广泛应用于临床。

除总分结构外，政务信息常用的结构还有纵式结构，即按照时间先后或事件发展的前后过程或事理层次来行文的逻辑结构。其中，时间顺序逻辑结构是根据事物所存在或事件所发生的先后顺序来纵向展开行文；事件发展的前后过程逻辑结构是根据事件发展的过程依次展开的；事理层次则按照事件的事理层次纵向逐层展开。

例：

××单位雷达安防设备助力××抗震救灾

××月××日，××县发生5.5级地震，对当地造成严重的人员和财产损失。地震发生时，××单位的立体安防系统装备正在当地进行测试试验。得知灾情后，××单位团队立即奔赴受灾最严重的地区，由现场“试验”转入现场“实战”，依托先进装备就地转入抗震救灾。

针对灾区现场通信中断、灾情信息传达不畅等情况，××单位利用雷达、光电等多种系统第一时间建立通信链路，将地震受灾现场的信息报给应急指挥中心。相关设备可一次展示××范围的视频图像，且随着车辆移动不断扩大观察范围，为救灾指挥中心交通疏散、人员安排等提供第一时间现场信息，为救援决策提供及时、准确的依据，得到了当地政府高度肯定。

该立体防控系统突破了传统的单一雷达扫描或光电监控的弊端，创造性地将雷达、光电等多系统有机联动，变传统的“被动安防”为“主动安防”，将雷达的远距离探测、异常主动报警和光电的高清显示判断结合起来，做到事前智能感知、事中精确处置、事后完整取证。

此外，还可以将总分结构和纵式结构结合起来使用。例如下面这篇政务信息，按照事件的逻辑展开，先介绍事故基本情况，再分析事故原因，最后提出建议。“事件分析”“启示与建议”的具体内容按照总分结构分类阐述。整体看来条理清晰，结构严谨。

例：

××市氯乙烯气柜泄漏
爆燃事故的启示与建议

20××年××月××日，××市××公司附近发生一起爆燃事故，事故造成××人死亡、××人受伤，过火的大货车××辆、小型车××辆。事故原因初步调查结果显示，发生爆燃事故是由于××公司氯乙烯气柜发生泄漏，泄漏的氯乙烯扩散到厂区外公路上，遇明火发生爆燃所导致。

一、事件分析

（一）危化品日常监测与预警信息传递机制系统性规划不完善，“全生命周期”联动监管机制不健全。

通过事后调查信息来看，该公司存在安全生产管理混乱，危化品的日常监测与预警信息传递方式单一，设备运行数据依赖人员记录且记录不完整难以追溯等问题。危化品日常监测与预警信息传递机制缺乏系统性规划，在危化品监测和预警、危化品厂区布局安全防范及危化品应急处置等方面未能实现“全生命周期”联动监管，没有真正做到本质安全。

（二）危化品安全相关法规和标准的执行与本质安全的要求不匹配，安全生产标准化程度不高，应急预案不够完善。

从本次事故发生后所收集的信息来看，企业实际的安全生产工作存在措施不实、疏于监管等问题，和本质安全的要求还存在差距，安全生产标准化程度不高；××公司制定的应急预案不够完善，不足以指导突发事故的快速响应和处置。此外，进入此类危化品场所工程抢险、消防和侦检的应急人员应配备密闭型防毒面罩、防酸碱型防护服和空气呼吸器等，应急预案中要求现场查看人员佩戴的过滤式防毒面具并不能完全有效隔绝有毒气体，人员进入场所处置存在极大的安全隐患。

二、启示与建议

近年来，安全生产形势持续稳定好转，但危化品事故呈多发态势，已成为影响安全生产形势好转的突出矛盾和主要问题。国务院及地方有关部门对危化品安全生产高度重视，要求中央企业和省属重点企业严格履行主体责任，当好排头兵、领头羊，带动行业安全生产水平整体提升。××单位积极履行企业社会责任，发挥技术优势，针对问题积极寻找解决技术方案，提出相关建议如下。

（一）运用系统工程理念，采用工业物联网技术及智能无人平台技术，打造多级联动的智能综合监管平台，形成危化品“全生命周期”的强大监管合力。

运用系统工程理念，以工业物联网技术为基础，统筹建设能够实时采集危化品生产、储存、运输等环节状态信息，实时采集空气、地下水等可能受到影响的环境状态信息的全方位监管平台，构建可视化、信息化、智能化危化品监管体系，对企业危化品种类、数量、状态等进行在线实时监测。通过平台数据分析安全生产的薄弱环节，统筹分配应急救援物资等装备，做好冗余的预防、防护及救援装备配备和备份，确保一旦出现紧急情况，能够在第一时间定位问题并迅速进行处置。充分利用智能无人平台技术，尽可能在现场侦查、信息收集等环节减少人员直接参与。通过大量的样本数据采集，建立比对数据库，对无人平台获取的信息实施快速分析，形成可供决策层参考的决策信息，实现决策循环安全、智能、高效。

（二）结合产业转型升级，深度开展技术成果转化，发挥产业振兴和技术改造专项政策和资金优势，对危化品安全加强基础保障能力建设，更新相关技术和装备，提高本质安全水平。

进一步发挥产业振兴和技术改造专项政策和资金优势，充分利用安全生产技术支撑体系和专家机构，在管理上逐步建立健全危化品安全相关法律法规，加强基础保障能力建设；在技术和装备更新方面，在国家政策法规和标准牵引下，加大行业领域体系化、系列化研发，重点联合各级研究机构、中央企业等单位深度开展技术成果转化和落地，开发更加先进的装备和产品，加大新技术、新装备的行业内推广应用，增强危化品安全生产和应急救援能力，提高本质安全水平。

（四）政务信息的语言

具体要求有三点：一是简朴。不要长篇大论，不要过于专业，不要晦涩难明，要通俗易懂，给人以简单、明晰、一目了然的感觉。二是严谨。不因其短而粗，虽短但“五脏俱全”，不能含糊其词。三是自然。长短详略如行云流水般顺其自然，没有突兀或不协调的感觉。

例：

××单位毫米波测云雷达迈入国际市场

××年××月，××单位研制的毫米波测云雷达迈入国际市场，首次出口韩国，这也是韩国第一次引进测云雷达。

此部毫米波测云雷达主要用于对探测范围内的非降水云、弱降水云和弱降水进行观察和探测，将为韩国气象研究提供稳定可靠的数据。目前，该雷达已通过出所验收和对韩国国家气象局技术人员的培训，顺利启航运往韩国。

此外，政务信息稿中有时会使用新词新语或者缩略语。新词新语的使用可以增强文章语言的时效性和政策性，缩略语的使用可以保证在信息完整有效的前提下精简篇幅，但需对此做出适当的解释说明，便于理解。例如，“TBM”一般指战术弹道导弹，“SoC”一般指系统级芯片或片上系统。

三、综合类政务信息写作要领

综合类信息主要围绕国内外重大突发事件、军事需求、热点问题等，站在党和国家、行业角度，进行调查研究、信息汇总，发现问题、分析原因，向上级提出高质量的启示和建议。要针对新形势新变化、正在解决的问题、酝酿的问题或突发事件提出建议，指出问题，分析情况或问题产生的原因，并对发展的趋势做预测，提出可行、可落地的建议。

综合类信息是领导决策和单位制定政策的支撑力量，是企业形成新经济增长点和抢占战略空间的参与力量，是解决基层矛盾和工作困难的推动力量，是宣传单位成就和塑造企业良好形象的实践力量。每一篇综合类信息就是一篇“思路清晰、观点正确、逻辑严谨、文字精练”的战略性问题研究报告，要以研报高质量的综合类信息为抓手，将研报综合类信息作为工作推动、领域拓展、任务争取等工作中的一个重要环节，从战略角度纳入工作策划，适时报送、推广、牵引相关工作。

（一）综合类政务信息写作注意事项

综合类信息反映情况比较全面、完整，是对素材经过加工、整理成为能够反映事物全貌，揭示事物本质的综合性、系统性的信息。

综合类信息写法灵活，针对不同上级单位的需求，形式和内容要求都可能不同。对于国有企业，比较常见的问题有建议类、研究（调研）类、政策解读类、技术发展类等。这些类型之间并无严格的界限，我们认为，只要是围绕信息的主旨开展了系统分析并提出了相关建议，都可以看作是综合类政务信息。

编写综合类政务信息的要领，可以概括为新、全、简、实四个字：主题新颖，素材新鲜；结构完整，要素齐全；文字精练，篇幅精简；建议具体，操作性强。

需要特别强调的是，首先，政务信息的读者是各级领导，所以综合类政务信息的选题、站位、写法、结论都要围绕这个核心来考虑，要有领导思路，标本兼治，把信息和相关领导指示挂上钩。

其次，一定要站在全局看局部的高度来看待事物、分析问题。站位要高，立意深远，跳出本部门、本单位的范围，站在国家、国防、行业的层面分析并提出建议，并要符合乃至契合国家政策导向和重要会议、领导重要讲话的精神。古人说："不明全局、不得谋一隅。"只有全局在胸，分析问题才有比较可靠的标准和尺度，也容易得出符合全局利益和长远利益、具有预见性的观点。要对国家或行业层面提出较为宏观的建议，从给领导提建议的角度巧妙表达我们的诉求，要善于将优势置于广阔时代背景和总体部署中，切忌赤裸裸的产品推广和宣传，不要说我们单位有什么产品，请国家给予经费和政策支持。具体写作中要考虑以下三个方面：

一是世界大局，党和国家的方针政策、法律法令，上级单位有关决定、决议、措施要求以及全局性的工作部署、安排等。从全局出发，站在思想认识的制高点，才能提炼出深刻的主旨来。

二是本单位工作的发展趋势、中心工作以及各项业务工作的下一步计划和预测等。分析材料时，要跳出一人一事及本单位、本部门的工作局限，站在全局高度高屋建瓴地分析。

三是现实工作的进展状况及需要，尤其要了解对整体工作影响较大的中心工作的实际状况。要敏锐细腻，言之有据、持之有理，善于强调问题的重要性。要客观全面，兼顾眼前利益与长远利益、局部利益与整体利益，分析问题既报喜也报忧。

总之，"信息的站位高度决定了信息的生命长度。"站位于本单位、本部门的信息，上报不到企业总部；站位于本企业的信息，上报不到上级单位。反过来，站位于行业、领域乃至国家的信息，一旦采用，甚至有可能一路"通天"，到达国家领导人案头。如果进一步获得了批示，也必定会落回到上报单位，推动相关工作的落实。

结构上，一般采用总分式，在正文第一段对信息的主题进行简要的介绍，并对主要的建议内容进行归纳，方便领导阅读时快速了解信息的主旨和大意，之后再按照逻辑顺序划分板块分别详述有关内容。

1. 问题建议类

一般针对正在解决的问题、酝酿的问题或突发事件提出政策建议，信息的主体一般包括“指出问题，分析问题产生的原因，并对发展的趋势做预测，提出具体建议”。

例：

关于加快 IPv6 规模部署的分析与建议

近日，欧洲地区互联网注册网络协调中心宣布，截至 2019 年 11 月 25 日 15 时 35 分（欧洲时间），最后一批 IPv4 地址已被分配完毕。这意味着，将再没有 IPv4 地址可分配给网络服务供应商和大型网络基础设施提供商。按照当前互联网的发展趋势，到 2020 年，我国将出现××个 IP 地址缺口。要破解 IP 地址之荒，下一代 IP 协议——IPv6 是唯一的解决之道。

一、IPv6 发展现状分析

二、我国部署 IPv6 的重要意义及面临的难点问题

三、有关发展建议

2. 研究（调研）类

通常以反映某事物或事物某方面情况和问题为调查研究对象，比较适用于反映新生事物和某一类倾向性、苗头性问题，以便及时引起上级机关和领导同志的重视。有情况、有问题、有分析、有建议。可以是专题性调研，也可以是全面调研中折射的某一方面问题。

研究（调研）类信息必须要做到观点鲜明、情况客观、事实真实、数据充分、论证有力，做到“看问题一针见血，解问题直击要害”。

例：

新形势下我国应急产业发展启示与建议

应急产业是为突发事件预防与准备、监测与预警、处置与救援提供专用产品和服务的产业。发展应急产业对于维护经济社会稳定运行、保障人民群众切身利益、打造国民经济新增长具有重要意义。近年来我国应急产业稳步发展，但也面临着××等问题，建议××，推动产业高质量发展。

一、新形势下我国应急产业发展分析

（一）应急产业发展进入重要战略机遇期。

（二）应急产业发展仍存在诸多瓶颈问题急需解决。

二、启示与建议

3. 政策解读类

通常是政策决议出台后的分析和建议，信息的主体一般包括政策要点、影响分析与预测、相关建议措施等。解读的政策可以是国内的，也可以是国外的，可以是国家层面出台的宏观政策或中央政策，也可以是部委出台的专项政策、地方政府出台的地方性政策等。

政策解读类信息政策性强，特别强调信息的准确性，以免误导。分析、建议要有针对性，如若不然则价值不高，难以支撑领导决策。

例：

国家某项政策调整对我国企业的
影响分析和对策建议

一、国家某项政策分析

二、有关对策建议

4. 技术发展类

国有企业特别是中央管理企业，在关系国家安全和国民经济命脉的主要行业和关键领域占据支配地位，是国民经济的支柱，跟踪技术前沿动态并提出针对性的发展建议是应尽的责任。这类信息的主体通常包括国内外发展现状、发展趋势分析、存在问题分析、启示与建议等。要特别注意的是，政务信息的对象是各级领导而非技术专家，所以要用科普的、通俗易懂的语言来撰写信息，内容上要更加关注技术应用方面的价值和作用，切忌写成技术报告。

例：

区块链技术发展分析、启示和建议

区块链技术具有不易篡改、难伪造、可追溯的特点，为不信任的多方提供可信、对等的价值传输通道和机制，构建不可信分布环境下的新型协作模式。当前，区块链技术正在与云计算、大数据、人工智能等前沿技术交叉发展，逐步演进为新一代数字经济信息基础设施，将对未来政治、经济和社会发展产生深远影响，成为全球技术创新的重要前沿阵地。建议××。

一、区块链技术国内外发展现状分析

二、区块链技术应用趋势分析

三、有关启示和工作建议

（二）参考模板与案例

以下是根据笔者工作经验整理的部分综合信息模板，包含常见综合类信息的编写要点，并提供一些实际编报的综合类信息案例，可作为编写综合信息的参考。对于综合类信息来说，结构固然重要，但一般都简单明了，更重要的还在于信息本身的内容。

参考模板 1

标题：××技术加强××××建设的建议

导语部分写作要求：导语位于标题之下，是全篇信息的眼，既要覆盖全文又要高于全文内容，映射全文立意。要充分概括全文，提炼文章最精华核心的内容。一是在核心意思表达上，要反映全篇信息最重要的内容和轮廓，要充分概括全文的核心要义和观点，效果是读此段就能了解文章全貌，得到全篇信息的总概念。二是在表达形式上，要通过过程的分析总结提炼出观点，要有逻辑性。三是在时效性上，要确保分析和观点是和最近热点焦点事件相关的，要基于最新的进展情况总结。四是要概括总结启示建议的核心要义。

一、现状分析

（一）×××

（二）×××

（三）×××

紧密跟踪技术发展前沿热点，结合单位实际、行业实际，对发展现状进行分析，由此引出存在的问题。

分条阐述，标题就要体现观点，不要以学术论文的形式写政务信息。政务信息是写给领导、面向领导的，要直接、简单、明了、写结果、写观点。

二、趋势及影响分析（含问题分析、趋势分析）

分条阐述，每条一个标题句。

（一）×××，系统工程理念和管理体系方面。

（二）×××，高新技术方面。

（三）×××，工程/项目/产品方面（成熟产品、应用经验、推广前景）。

三、有关政策建议

启示建议部分，一是要有逻辑性，标题间有逻辑，标题下的内容要有逻辑，要结合国家、行业、单位实际工作，提出具有针对性、指导性，可操作的行业建议、国家层面建议等。二是篇幅上不宜过长，每一条的核心内容要与分析部分相对应，效果是做到启示建议的要点覆盖分析的核心。三是，要直接对应上文的分析，不做无的放矢的建议。

（一）×××

（二）×××

（三）×××

分条阐述，每条一个标题句。可从深度研究、建立标准、建立合作关系、试点推广、建立平台（资质）、产品应用等方面切入。

参考模板2

标题：关于我国××发展战略的研究分析与建议

导语部分介绍××战略的背景及研究的重要意义，概括说明建议的主要内容。

一、出台战略的领域对我国国家安全和利益的影响分析

可在政治、国家安全、军事、经济、市场前景等方面分条阐述，每条一个标题句。

二、现状分析（含问题分析）

从国际、国内两方面进行发展现状、优势劣势等的分析（也可由此引出存在的问题）。

分条阐述，每条一个标题句。

三、××领域存在的问题和挑战（可与第二部分合写）

分条阐述，每条一个标题句。

四、有关发展对策与工作建议

分条阐述，每条一个标题句。可分别从深度研究、顶层推动、跨域合作、建立标准和体系、建立平台（资质）、产品应用等方面切入。

参考模板3

标题：××事件对国家××建设的影响分析与启示建议

导语部分描述××事件的背景情况、产生影响及研究分析的重要意义。

一、××事件情况

详细或简洁概述事件发生情况。根据事件重要及复杂程度，可一段描述或按不同方面分成几条描述。要写出事件中的关键点、关键数据和产生结果。

二、我国在这一事件领域的发展形势及存在问题分析

可以分为发展现状分析和问题分析两部分，也可合并一起描述。

发展现状分析要分国内外、优劣势的分析，要有具体实例、数据和结论作为支撑。

问题分析要结合实际情况，以具体数据和与先进对比作为支撑，不能泛泛而谈；尽量与后面的启示建议相对应。

分条阐述，每条一个标题句。

三、启示与建议

针对存在的差距和问题，以及未来发展趋势，站位于行业、领域或国家层面提出政策建议。

分条阐述，每条一个标题句。

参考案例 1［问题建议类］

加紧提升大型城市核酸检测能力的启示建议

在新冠肺炎疫情反复的背景下，核酸检测有助于疫情“早发现”，是阻断传播链、降低扩散风险的关键。当前，奥密克戎新型病毒具有聚集性、多发性、隐匿性和快速传播性等特征，而城市的人口流动性大、聚集程度高、人员构成复杂，存在规模化疫情传播风险。国务院联防联控机制电视电话会议强调，要提升监测预警灵敏性，大城市建立步行 15 分钟核酸“采样圈”，拓宽监测范围和渠道，及时公开透明发布疫情信息。建议加强基础设施建设，利用人工智能算法，科学布局核酸检测点；升级智慧城市（智慧社区）管理平台功能，实现立体化全方位监控；加强疫情防控风险预测预警和应急能力建设；加强数字化建设，提高重大疫情社会治理智能决策支撑水平。

一、城市智能核酸检测能力建设发展情况

（一）核酸检测智能化水平是衡量城市疫情防控能力的重要标准。

目前，全国已经有北京、上海等6个省、市开展了常态化核酸检测，另有超过20个城市要求居民定期进行核酸检测。限制时间内的核酸检测结果及健康状态“绿码”，已经成为越来越多城市居民外出通勤的关键通行证。随着常态化核酸检测工作的开展，核酸检测能力成为城市疫情防控工作的关键，决定着城市对疫情的应对控制能力。加快城市智能核酸检测能力建设迫在眉睫。

（二）我国城市智能核酸检测能力仍存在诸多不足，难以有力支撑现代化城市疫情防控新需求。

一是核酸检测人力成本高。据统计，按每个采样台（2个采样人员）每小时采集120人标准测算，核酸采样人员数为人口数÷360。中国所有一线、新一线及二线城市人口总数5.1亿人，共需采样人员142万人。按照各地区“持证”采样员大致工资标准测算，采样人员一年工资支出高达1680亿元。二是核酸检测信息化水平较低。核酸检测链条除样本检测环节外均以人工操作为主，存在样本丢失和人为因素引发的疫情扩散风险。样本采集点设置以社区、街道或小区为主，存在排队时间长、检测群体短时间内集聚等问题，增加了交叉感染和发生突发事件的可能，不利于疫情防控和社会稳定。三是疫情主动监管能力较弱，精准化程度有待提升。核酸检测大多呈现自愿性特征，系统无法做到实时监控，监管时间上的空白大大增加了疫情扩散风险。其次，采样个体流动性较强，难以做到精准化把控。个别流动性较高群体存在伪造、瞒报核酸检测结果现象。四是疫情防控风险预警能力有待提升。当前新冠肺炎疫情防控尚未实现外地病例流入、疫情扩散等方面的风险预警，也无法实现对公共卫生安全场所、人员、行为的动态化疫情追踪、传播力动态评估和区域联防联控实时预警。公共卫生“早发现、早预警”监测体系亟待完善，以便为医生就诊过程提供智能化分析与预测能力。五是疫情防控领导决策辅助支撑不足，应急处理能力还有提升空间。疫情暴发阶段，由于信息汇聚慢、传递时效差，决策者难以精准掌

握防疫物资、防疫力量、防疫基础、群众情绪等多维度信息，决策者难以选择出最高性价比的疫情防控措施，导致疫情防控社会成本大幅提升，地方财政投入巨大，部分地区甚至采用“一刀切”方式，对经济社会发展产生不利影响。

二、启示与建议

（一）加强基础设施建设，利用人工智能算法，科学布局核酸检测点。

采样点综合人口数量、地理交通、核酸检测机构进行布局，在市区构建智能化“核酸小屋”，在交通卡口打造“得来速”式检测站，采用机器人、流水线、无人机技术运送样本和检测试剂盒等方式，提升检验检测效率，规避人为因素的干扰。依托终端设施，实时采集核酸检测动态数据，结合大城市地理环境、空间环境、交通及物流情况以及人员活动规律，自动测算城市核酸检测点投入数量和岗位排布，生成核酸检测点部署预案，为核酸检测人员动态化指挥调度、防范和处置突发事件提供数据支撑。

（二）升级智慧城市（智慧社区）管理平台功能，实现立体化全方位监控。

将身份信息、核酸检测、疫苗接种、行程轨迹等数据全面融入智慧城市（智慧社区）平台建设，加快研发新冠大数据采集与分析平台，构建“采集点–社区–楼宇–单元–房屋–住户”的核酸检测信息闭环，解决全国各地认证方式不统一、场所扫码烦琐等问题，实现动态化管理。

（三）加强疫情防控风险预测预警和应急能力建设。

融合发展人工智能、大数据、区块链、智能语音识别等新兴技术，实现流调病例多源数据对接和校对，完成全流程流调病例电子化管理，实现流调过程时空轨迹自动匹配与风险调控。通过地图分布可视化、图谱可视化、轨迹可视化实时发现疫情态势、密接关联关系、高危人群防控以及地区防控态势。基于流行病预警模型算法，对重点人群、场所和环境进行监测，助力区域协同、联防联控的风险预警。此外，通过构建患者案例库、疫情防控预案库，提供流行病防控安全隐患、风险演化、分级防控的智能辅助决策分析，实现疫情防控动态推演，有效提升突发事件的预警和应急能力。

（四）加强数字化建设，提高重大疫情社会治理智能决策支撑水平。

利用数字孪生技术，建设以人、地、事为核心的应急决策体系，形成流行病防控整体态势“一张图”。在社会治理领域，采用涵盖市、区、街道、社区多层级、多主体参与的多资源协同技术，实现防疫政策动态演化分析。智能化决策方面，通过对财政投入和社会经济影响等进行多模态情景推演测算，辅助推动社会治理智能化决策。

参考案例2［研究（调研）类］

智能经济时代下构建智慧城市大格局的分析与建议

近年来，随着我国人工智能和物联网、大数据、云计算等新技术的协同发展，智能经济已经成为经济创新发展和转型升级的新引擎。在智能经济时代的历史大背景下，我国智慧城市建设的内涵及其发展方向也在不断演化。如何构建与智能经济时代发展相适应的智慧城市大格局，进一步做好顶层谋划，已成为当前我国智慧城市建设亟待回答并解决的一项重要课题。

一、智能经济发展现状分析

智能经济是以智能技术、机器人技术和信息网络等为主要基础，根据知识社会的经济规律进行运作的经济形态，是智慧经济形态的重要组成部分。经过多年发展，我国智能经济已经拥有良好的发展基础，智能经济时代已经全面到来。

（一）信息基础设施逐步完善。

目前，我国已成为名副其实的全球网络大国，网络规模和用户规模全球第一，网络接入速率不断提高；以智能终端为代表的各种用户设备，在云计算、大数据设施和应用软件服务助力下，正在成为大数据采集的重要源头和服务提供的重要界面，以高速宽带、泛在移动、天地一体、智能敏捷、综合集成为特征的新一代信息基础设施逐步完善，为智能经济长远可持续发展提供了坚实基础。

（二）人工智能技术应用步伐越来越快。

随着深度学习技术、海量大数据支撑、计算能力提升与成本下降三大因素的出现，以及关注度和投资力度的明显加大，人工智能技术正在快速发展，并迅速深入各行各业和消费者个人生活之中。国家发改委、科技部、工业和信息化部、中央网信办制定发布了《“互联网+”人工智能三年行动实施方案》，预计到 2018 年年底我国将形成千亿级的人工智能市场应用规模。

（三）数据一体化趋势越来越明显。

数据是网络信息技术与经济社会各领域深度融合的产物，对于未来互联网生态、创新体系、产业形态乃至社会治理结构等都将产生革命性影响。随着信息技术的普及，大数据的重要作用正在被人们发现、认识、挖掘，建立一体化的数据中心，消灭信息孤岛，实现数据共享，使之与大数据相关的产业形成高效协同、配合和共享的局面，已经成为广泛共识。

（四）互联网融合思维推动智能经济加速发展。

推动智能经济快速发展的因素，除了大数据、云计算、智能硬件、AR、VR、3D 打印等新一代信息技术之外，更重要的是互联网思维。互联网思维强调尽可能抓住用户、提升用户体验、打破行业边界、汲取他人经验、提高宣传能力、提升创新效率、加强品牌管理、形成数据决策、建立生态系统、实现共赢局面。在创新技术支撑下，越来越多的企业利用互联网思维对传统企业价值链进行重新审视，通过产品、业态、商业模式及用户体验的聚合，不断为各行各业探索出符合时代特点的新型发展道路。

二、智能经济时代智慧城市发展现状分析

当前，利用物联网、云计算和智能技术建设智慧城市已成为当今世界城市发展的趋势和特征。新加坡、美国和韩国等众多国家先后启动智慧城市建设。我国在各级政府的大力推动下，智慧城市建设如火如荼。北京、上海、宁波、深圳、广州、无锡、武汉、南京、佛山、昆明、成都等城市纷纷启动智慧城市战略，以推动经济创新发展和城市转型升级。

（一）“以人为本”成为新型智慧城市建设的核心理念。

传统的智慧城市建设侧重于技术和管理，重技术轻应用、重投入轻实效。2015 年，新型智慧城市被首次写入政府工作报告；2016 年，国家“十三五”规划纲要明确提出“建设一批新型示范性智慧城市”。国家标准委《新型智慧城市评价指标》提出的八大指标中，惠民服务和市民体验分别占比 37%、20%，权重明显大于其他各项，“以人为本”成为评价指标的重要宗旨。

（二）跨界融合促进智慧城市建设新领域不断取得突破。

目前，无论是互联网公司，还是传统 IT 企业和电信运营商，都无法独立承担智慧城市庞大的服务入口职能，跨界整合成为不可避免的选择。如在智慧社区市场，大量互联网公司正与传统地产商、物业公司合作，不断创新商业模式。通过跨界融合，智慧城市管理者可开发提供原来单个系统所不能提供的服务能力，推动新兴市场落地。

（三）大数据挖掘与应用，大大提升了智慧城市的体验感。

随着云技术的逐步成熟，各地智慧城市数据中心建设均加入云计算概念，通过数据中心的云化建设，最大化地提升海量数据的支撑能力。一些智慧城市产业链单位也开始在大数据方面加大投资力度，将智慧城市平台作为大数据获取的重要来源，通过大数据发掘等方式，实现智慧城市建设体验提升和商业变现的成功案例明显增多。但城市大数据所有权、使用权界定尚不完善，缺乏明确产权定义是迅速推进城市大数据应用发展面临的突出问题。

（四）智慧城市建设缺乏统筹、信息割裂的现象仍然存在。

当前，很多城市都在结合自身特点，积极开展智慧城市建设的探索和实践。但其中一些城市并未进行科学的统筹规划，缺乏长远的制度保障和可持续性，城市各部门在长期的信息化应用中虽积累了海量数据，但因为各系统独立建立、条块分割，缺乏开放和共享机制，使得“信息孤岛”现象仍普遍存在，信息难以产生最大化利用价值。

三、智能经济时代智慧城市未来发展趋势分析

（一）政企协同将逐步替代政府投资，成为智慧城市建设的主流。

智慧城市是城市信息化发展的高级形态，是包含全新要素和内容的城镇化发展模式。政府若既抓管理又管运营，极易导致城市发展财政不足、可持续发展能力偏低、管理效率低下等诸多不足。借助民间资本的力量，将市场机制和经营理念引入城市管理，既可拓展城市管理的综合资源，又能提升城市管理的能力和质量。

（二）智慧城市建设参与主体将越来越广泛，越来越多元。

智慧城市建设是一项庞大的系统工程，涉及多个层面、多个领域，需要生态系统中各类厂商共同合作，通过建设模式创新营造良好的智慧城市建设生态系统。随着智慧城市建设需求的不断更新和相关技术的快速发展，越来越多的互联网公司、硬件制造商、信息化集成商、地产商等各行各业的企业将主动以自身优势为切入点，通过开放的合作模式，加快推动智慧城市建设。

（三）通过智慧城市建设，将带动形成新的平台型企业运营模式。

平台模式是智能经济时代的重要商业模式，可利用互联网的力量实现与外部的连接，扩大平台边界，改变产品研发方式。在智慧城市建设中，特别是民生相关领域，越来越多的企业开始致力于围绕核心用户群，打造综合服务平台，并不断跨界融合，延伸扩展平台功能，通过平台化生态圈建设吸引更多资源参与进来，已逐步成为智慧城市建设领域相关企业成长的重要模式之一。

四、有关启示与政策建议

（一）紧跟智慧城市建设前沿技术动态，将更多新兴技术运用到新型智慧城市建设之中。

随着5G、区块链、量子计算、通用人工智能、数字孪生等新兴技术的成熟和在相关产业领域的广泛应用，必将给智慧城市发展带来颠覆式变革，开启广阔蓝海空间。建议密切跟踪相关前沿技术发展动向，根据相应技术成熟度情况，预先研判新技术可能带来的影响，尽早研究提出智慧城市建

设新理念、布局智慧城市新业务、创新智慧城市新商业模式、开发智慧城市新应用。

（二）积极探索大数据处理应用，加快推进数据强国建设。

随着城市数据逐步向社会的开放，数据开始交易、流通，并将不断催生新产品、新型服务以及全新的商业模式。建议以向政府、企业、个人提供增值服务为目标，完善相关制度机制，强化大数据研究分析，形成有利于政府开展大数据决策的环境，并建立相关大型服务平台，在数据采集、数据存储、数据管理、数据处理、数据挖掘、数据分析、数据展示以及数据产品评价和交易等领域获取商业价值和社会价值，通过大数据处理应用大幅提升城市智慧化水平，实现由数据大国向数据强国迈进。

（三）夯实信息安全基础，构建信息安全保障体系。

建议开展国家层面的总体规划，以产业发展为突破，加快形成自主信息安全保障体系。××单位拥有丰富的复杂大系统规划、设计、研发、实施及运营经验，承担了国内多个城市公共安全平台建设以及国内首个智慧城市总体规划与设计任务。围绕智慧城市建设与规划，××单位已形成一套自主知识产权的系统架构、规划模型以及评价体系，形成了智慧城市项目投融资及运营的有效方法，拥有智慧城市总体规划设计能力、核心技术与平台研制能力、工程实施管理能力及产业生态体系构建能力，并在实际工作中进行了深度应用。建议依托××单位相关技术和工程经验优势，建立健全从系统到设备、数据、信息资源的信息安全保障体系，并适时推动开展面向政务、金融、民生等领域的信息安全应用项目和示范工程，支撑我国智慧社会稳定运行、健康发展。

参考案例3［政策解读类］

德国《国家工业战略2030》分析及建议

近日，德国经济和能源部发布了《国家工业战略2030》（以下简称《战略》），该战略提出了德国未来10年发展的关键领域，突出强调德国的高度繁荣得益于已确立为世界上最成功的经济模式：社会市场经济。该战略是德国提出“工业4.0”战略之后出台的又一个旨在提高德国工业全球竞争力的重要战略倡议，值得高度关注。

一、德国《国家工业战略2030》简要分析

（一）制定工业战略版图，布局涉及十大领域。

《战略》指出，德国目前的国际竞争力很大程度上取决于其工业实力，德国工业产值在国内生产总值中所占的比重已经达到23%，领先于欧盟各国，并位于世界前列。为了进一步增加工业就业机会，应对维持德国高收入水平及高水平的教育、环境保护、社会保障、医疗卫生和基础设施带来的开支负担，德国政府计划将钢铁铜铝、化工、机械、汽车、光学、医疗器械、绿色科技、国防、航空航天和3D打印等10个工业领域列为“关键工业部门”。未来10年，德国政府将持续大力扶持这些部门，为相关企业提供更廉价的能源和更有竞争力的税收制度。到2030年，逐步将德国和欧盟工业产值占生产总值的比重分别扩大到25%和20%。《战略》提出，德国不仅在电子行业失去优势，就连空客集团这样大型的航空工业中需要的新型碳纤维材料都要从美日进口，如果德国和欧洲不能在颠覆性技术领域占有一席之地，那么汽车产业等优势产业未来可能会失去全球领先地位。

（二）保持闭环工业增值，大力支持中小企业发展。

《战略》认为在德国和欧洲保持一种封闭的工业增值链是非常重要的，从基本材料的生产到制造和加工，再到分配、服务、研发都存在于一个经济地区（主要指欧盟），以进一步增强德国及欧盟在各个工业环节的产业抵抗力，同时尽可能地扩大增值链竞争优势。同时，《战略》强调要强化对德国中小企业的支持。许多中小企业已经用高度专业化的产品和应用“征服”了部分世界市场，具有强大的技术专长和竞争力。然而快速的颠覆性技术创新进程，尤其是数字化进程，给中小企业带来了巨大挑战，迫切需要增强对中小企业的个性化优惠与扶持。

（三）积极打造国家级旗舰企业，允许部分企业形成垄断。

《战略》提出，德国政府将为本国企业提供更有针对性的支持，尤其是涉及十大“关键产业”的企业。《战略》列举了西门子、巴斯夫、蒂森-克虏伯等德国国家重点企业的发展前景，指出需要打造国家级或者欧洲的旗舰企业，让其有能力与全球巨头企业抗衡，努力确保或重夺相关领域在德国、欧洲乃至全球的经济技术实力、竞争力和工业的领先地位。《战略》提出德国第二大钢铁制造商萨尔茨吉特集团，于20世纪60年代一度是全球最大的国有企业，于1998年上市，2008年一度进入德国最重要的蓝筹股TOP30的DAX指数，是德国国家资本干预的成功例子。

（四）推进数字化突破性创新，将人工智能技术提升到战略高度。

《战略》指出，德国要在全球数字化科技创新浪潮中保持领先地位，让其尖端产业稳坐全球“第一集团”，争夺国际“智慧”市场。德国政府致力于数字化突破性创新，为其人工智能的发展和应用，打造一个整体的政策框架，具体包括三个方面：提升国家竞争力、为公众谋福利、强调数据保护领域的法律和制度。为了提升国家竞争力，德国政府将建立由12个人工智能研究中心组成的全国创新网络，并在相关领域增加至少100个教授职位，在大学中推广人工智能。德国还将和法国一起打造人工智能创新集群，每年至少给1000家公司提供培训名额。在增加政府预算的同时，也会广泛吸引社会资本的参与。此外，德国政府有权出面协调建立跨企业的联合体，以共同进行人工智能、电动汽车电池的开发研究等前瞻性工作。

（五）积极应对各类挑战，制定四项改革措施。

基于以上战略方向，《战略》草案提出四项具体措施：一是适当情况下重审和修改德国与欧洲的竞争法，以便德国与欧洲的公司能以较高水平参与到国际竞争当中。二是重审并尽可能改革现行的补贴法，创造更加公平的竞争环境。强调这是国家的补偿而不是补助，是为寻求恢复竞争优势。三是坚持自由、开放的国际市场原则，加强和扩大多边主义。德国希望减少乃至消除全球关税，尤其是各领域工业产品的关税。强调德国和欧洲必须采取更积极的行动来抵制其他国家不正当的竞争。四是整合欧盟内部过于分散的经济政策决策理事会。目前，欧盟内部讨论经济政策的理事会包括竞争力理事会、贸易理事会、电讯理事会、能源理事会，架构过于分散，没有一个能够有效综合各方面的理事会。《战略》认为许多欧盟国家的去工业化进程必须逐步停止和扭转，只有各成员国共同努力才能最终成功。

二、相关启示与对策建议

（一）强化政策牵引，推动工业支柱性领域快速发展。

工业的发展离不开政府的宏观调控引导作用，变革过程中将带来改革阵痛，需要政府予以积极的调控引导。《战略》中提出德国工业4.0的前期实践证明，政府在国家级旗舰企业发展过程中起到了至关重要的作用。一是对工业发展涉及的产业转型问题进行详尽的产业规划，从国家层面加强顶层设计，并出台相应产业政策保障规划落实。二是确立国家级企业的领军地位，对工业领域支柱性战略产业进行适当干预、扶持、引导，确保重点领域的快速发展，减少无序竞争。三是厘清产业政策的作用边界，充分发挥市场在资源配置中的决定性作用，尽可能减少对企业生产行为的直接干预，政府财政更多投向具有明显正外部性的企业。

（二）落实创新驱动发展战略，积极推进数字化改造。

一是提高系统解决方案的提供能力，因企施策进行数字化改造。我国目前数字化车间、智能工厂项目建设大范围开展，但系统解决方案的供给能力不高，阻碍了智能化改造效果的实现。二是加强政产学研用对接，构建多元主体、分工协作的科研创新体系，推进信息化和工业化的深度融合，激发企业的创新活力。三是加强相关产业人才的教育培训，既要加强职业教育，培养具有实操能力的高技术人才，又要优化高等教育专业设置，为智能制造发展培养高素质的研发与应用人才。

（三）发挥工业互联网平台优势，推动制造业高质量发展。

《战略》强调了对产业数字化、智能化发展的迫切性，提到了中国在平台建设和平台经济发展上位居世界前列。在产业智能化方面，德国采用的是从设备智能化上升至生产线智能化、车间智能化、工厂智能化，最终通过打造智能制造平台实现工业4.0目标，这种模式是以企业普遍智能化水平提高为基础的，而我国企业在生产和管理上的智能化水平尚未达到，因此其发展模式并不适合我国的实际情况。建议从国家层面出台更多工业互联网平台支持政策（比如允许具备条件的工业互联网平台企业经批准开展供应链金融业务等），加快我国工业互联网建设步伐，提升工业互联网企业的社会服务效率，通过“智能+”更好地服务我国制造业高质量发展。

参考案例4［技术发展类］

国际脑科学竞争态势分析与启示

脑科学是以大脑为研究对象的多学科综合的新兴研究领域，旨在研究人、动物和机器的认知与智能的本质与规律，是21世纪最重要的前沿学科之一。近年来，在政策的强力支持和技术的大力推动下，脑科学研究的革命性突破不断涌现，已经成为最为活跃的焦点前沿学科，受到各国高度关注。为此，需要高度关注脑科学这一重大战略前沿最新进展情况，确保我国相关研究走在前列，在激烈的国际竞争中抢占先机。

一、国际脑科学发展概况

近年来，全球围绕大脑的研究掀起新一轮热潮，与大脑有关的科学发现不断涌现，在“读脑”“仿脑”“脑控”“控脑”等领域实现重大突破。

（一）国内外脑科学主要进展情况分析。

1.“读脑”取得新进展。一是全脑图谱绘制方面，小鼠大脑神经联结图谱、胚胎期人脑转录图谱、哺乳动物大脑新皮层数字立体超微结构图谱等大脑联结图谱绘制取得重要进展；美国加州大学伯克利分校2016年绘制出人类大脑中语义信息功能呈现的图谱，可揭示出语言的神经生物学机理；美国华盛顿大学绘制出迄今最全面、最精确的人类大脑图谱，其中97个人类大脑皮层区域属于首次公布；我国相关科研院所启动有关专项，在脑功能联结图谱研究中取得重大原创性理论突破。二是脑电信号破译方面，澳大利亚推出一款能够翻译8种生理表现和7种表情的脑电信号的脑机接口装置；我国相关大学运用信息和通信技术成功破译猴子肢体运动的脑神经信号。三是脑活动信息还原方面，德国和美国科学家联合研发出可根据脑电波识别并构建文本的技术；美欧科学家联合利用磁共振成像技术将大脑活动信息转换成想象物体的图形；日本科学家成功开发出从受试者的大脑活动信息中还原出其所看到图案的技术。

2. “仿脑”实现新突破。模拟人脑芯片、高输入数模拟神经网络、“神经网格”电路板、深度神经网络、神经网络芯片等人脑模拟设备的成功开发，推动了类脑技术的发展，必将带来脑科学应用领域的一场革命。美国IBM公司成功研制第二代类脑计算芯片“真北”，每秒可执行460亿次突触运算，且利用48块“真北”试验芯片构建“电子大脑”，模拟4800万个神经细胞，基本与小型啮齿动物大脑的神经细胞数齐平。美国加州大学首次采用忆阻器创建出一个神经网络芯片，向创建更大规模的神经网络与人造大脑迈出重要一步。美国劳伦斯利弗莫尔国家实验室和IBM公司联合公布具有认知能力的深度学习超级计算机。我国相关科研院所研制出全球首款深度学习处理器芯片“寒武纪”，并于2016年提出国际上首个神经网络通用指令集。

3. “脑控”迈上新台阶。人类利用脑机接口、脑脑互联等技术，已逐步实现猴子之间、人之间的意念控制等多个项目进展，改善了人类用户的动作和触觉反馈。英国科学家开发出专门的脑机接口装置用以控制飞机和飞船模拟器。美国亚利桑那州立大学试验了脑控多架无人机技术，实现单人对4架无人机的控制。美国明尼苏达大学成功研制出能够用意念控制躲避障碍物成功率高达90%的四轴飞行器，并首次利用非植入性脑机接口技术通过意念控制机械臂抓取物品。

4. “控脑”探索新原理。目前，该领域仍处于探索阶段，删除或激活记忆，控制记忆与正面或负面情感关联等均有新的发现。一是加强人的精神和情感能力方面，近期重点研究通过电、化学或生物方法刺激人的神经系统。二是记忆力影响方面，近期利用大脑植入物提升人脑记忆能力、恢复因伤病引起的失忆已成为研究热点。美国科学家研究发现，通过刺激脑部海马体所在特定区域可以改善人类记忆能力。美国麻省理工学院利用遗传学工具让因缺少记忆巩固过程而遗失记忆的小鼠重新恢复了记忆。英国和美国联合团队采用经颅刺激方式使受验者对宗教和负面偏见等观念发生改变。

（二）脑科学发展趋势分析。

1. 沟通脑科学宏观与微观研究。未来脑科学研究将特别关注如何把脑组织结构的宏观与微观层有机融合，寻求对于脑组织结构的系统性把握。重点集中在三个方面：一是进一步探明脑组织的结构，二是进一步认识大脑各种高级认知功能的脑神经机理，三是进一步理解人类认知能力的心理学和神经生理学基础。

2. 大脑神经网络群体协同研究将更受关注。以往的研究对脑工作原理的模拟一直停留在细胞水平上，很少考虑其群体协同工作方式。今后研究重点将在现有细胞层次的基础上，从不同系统层次模拟脑功能，建立不同系统水平的人工神经系统。这种人工神经系统是对不同层次生物神经系统的直接借鉴和模拟。

3. 类脑智能技术向实用化发展。一是美、欧、日等国或地区通过脑科学计划的实施，深化对大脑功能与信息处理机制的认识，为进一步发展类脑智能奠定基础。二是美、欧等国或地区重点发展功能和机制更接近人脑的类脑微处理器和类脑计算体系结构，将推动类脑计算效能和效率更接近于人脑水平。三是从机器感知、推理与智能、人与设备依靠自然语言交流合作等方面重点推进系统自主能力的实现。

4. 发展自适应的类脑学习方法与认知结构。类人认知行为的机器学习方面，越来越多的研究着眼于提高神经网络、认知计算模型和智能系统的自适应能力，使机器像人一样不断地从周围环境对知识、模型结构和参数进行学习和自适应进化。这种学习方式被称为终生学习，是机器学习的最高目标。发展可持续的类人学习机制，需要通过脑科学建立适合这类学习机制的认知结构。同时直接通过学习演化出类脑的认知结构则更是期望的基础性突破。

二、国外脑科学发展的主要做法与经验

（一）积极谋划战略布局方向。

美、欧、日等世界发达国家或发达地区先后启动脑科学研究重大计划，从顶层强化战略部署。美国相继提出“神经科学研究蓝图”计划、投资达

30亿美元的“通过推动创新型神经技术开展大脑研究”国家专项计划、《国家人工智能研究与发展战略规划》。欧盟将“人脑工程计划”列入未来新兴旗舰技术项目。日本出台为期10年的“大脑和精神疾病计划”。韩国在《脑科学研究推进计划（2008—2017）》基础上，发布旨在到2023年发展成为脑研究新兴强国的《大脑科学发展战略》。加拿大提出“加拿大脑计划”，等等。德、法等国也纷纷部署脑科学相关研究计划，抢占科技战略制高点。

（二）聚焦重点领域寻求突破。

美国脑科学研究重点聚焦显示脑细胞和复杂神经回路快速相互作用的脑部动态图像，研究大脑功能和行为的复杂联系，了解大脑对大量信息记录、处理、应用、存储和检索的过程。欧洲脑科学研究更加侧重于对脑数据的研究，旨在深入研究和理解人类大脑的运作机理，在大量科研数据和知识积累的基础上，开发出新型前沿医学和信息技术。日本近期的脑科学研究突出“小精尖”特色，主要通过对猕猴大脑的研究，加快对老年痴呆和精神分裂症等人类大脑疾病的研究。

（三）开放协同推进创新发展。

脑科学具有跨行业、跨学科、高技术等特点，国外政府、军方、高校、企业等均积极参与脑科学领域研究。2016年，世界上多个国家60余名科学家齐聚美国，讨论开展脑科学的全球合作，力图推动“国际大脑空间站”的建设。欧盟的脑计划由瑞士洛桑理工学院总协调，欧盟130余家有关脑神经科学、生命科学、临床医学和机器人技术的科研机构参与其中。美国的脑计划中，除国立卫生研究院、国家科学基金会、国防高级研究计划局、食品药品监督管理局、情报高级研究计划局5家联邦机构外，还有谷歌公司、波士顿大学、西蒙斯基金会等16家机构的团队参与其中开展研究。

（四）以脑科学助推人工智能。

脑科学与人工智能的交叉融合，对探索人类智能本质、推动社会的智能化发展具有重大作用。脑科学可以为人工智能提供生活学原理、数据、机制等方面技术支持，并启发更具通用性和自主性的人工智能新样式。美、欧、日等都将脑结构及运行机制研究列为重要内容，旨在为推动人工智能技术的新发展提供理论支撑。美国首次提出基于先验知识的感知学习方法，更接近人类智能特征，实现了人工智能基础理论的新突破。在技术层面，功能磁共振成像技术和脑磁图技术实现“思维成像”，类脑计算芯片已成功模拟人脑工作机制，为脑认知和类脑智能研究打下坚实基础。

（五）确保经费支撑项目实施。

美国“脑计划”为期10年，启动资金超过1亿美元，总投入超过30亿美元。其中，美国政府多家联邦机构每年投入1~2亿美元参与“脑计划”实施；美国国防高级研究计划局每年投入数亿美元用于脑科学相关项目。此外，美国众多基金、企业也积极参与脑科学研究，总投入已超过3亿美元。欧盟在“人脑工程”中计划预算12亿欧元，将开展为期10年的相关研究。

三、有关启示与工作建议

（一）加快成立脑科学研究专项工作组织机构。

考虑到脑科学发展的战略意义，建议由国家相关部门牵头，成立“国家脑科学与类脑智能专项工作组”，并赋予其科技方案制定和科学决策咨询等职责，统筹协调各方建议和研究力量，抓紧提出我国发展脑科学的系统性综合方案。同时，可在“国家脑科学与类脑智能专项工作组”下设若干业务小组，吸收各方的代表，细化、精确论证我国迫切需要发展的战略重点和行动路线。

（二）推动脑科学国家重点实验室建设。

基于脑科学和类脑智能交叉研究的重要性，面对西方国家在脑研究方面的强势出击，建议我国从创新型国家建设的长远角度出发，筹建“脑科学国家实验室”，借助国家创新体系下的科研基地，统筹安排脑科学研究，聚焦基础研究的重点突破方向，强调脑科学成果面向重大需求的转化应用，实现脑科学和类脑智能技术的协同发展。通过“脑科学国家实验室”建设，打造脑科学与类脑智能的学科创新基地，打造高层次、复合型、创新型人才培养基地，以及国际交流与合作基地，为推动脑科学进一步发展和提升我国在该领域的核心竞争力提供强有力的支撑。

（三）研究形成脑科学国际科技合作新策略。

目前，由美国、日本、德国、阿根廷和联合国贸易发展组织主导的“国际脑计划”已经发起成立。由于“国际脑计划”还处于草创阶段，距离“目标清晰、框架和流程稳定、经费投入有保证”的可实施、可操作的国际脑科学技术研究计划还有一段时间窗口。为提高我国脑科学的研发高度、深度并尽早达到国际先进水平，建议充分利用这一时间窗口，根据我国具体需要和必要性，有针对性地分析形成我国神经科学国际合作基本策略，争取在脑科学若干领域，由我国牵头发起国际重大科技计划。

参考案例5［事件分析］

2019世界品牌500强排行榜分析与建议

2019年12月11日，世界品牌实验室（World Brand Lab）发布了2019年度《世界品牌500强》排行榜，评判依据包含品牌影响力、市场占有率、品牌忠诚度和全球领导力等关键指标。从排行情况看，美国品牌表现强劲，我国品牌建设方面仍存在国际知名品牌少、品牌影响力小、品牌价值低等问题，需要高度关注并采取有效措施进一步加强品牌建设。

一、排行榜分析

（一）谷歌荣登榜首，亚马逊与微软分别位居第二、三名。

在排行榜中，前三位公司依次为谷歌、亚马逊、微软。得益于云计算和无人驾驶等领域的业务增长，谷歌总体表现强劲并一举击败亚马逊荣登榜首。此外，苹果、AT&T、耐克、梅赛德斯奔驰、麦当劳、丰田、沃尔玛均位列榜单前十，美国品牌在前十品牌中占据绝对领先优势。

（二）美国上榜品牌量依旧蝉联第一。

排行榜入选国家共29个。从品牌数量的国家分布看，美国占据500强中的208席，是当之无愧的品牌强国；英国、法国分别有44个和43个品牌入选，分列第二、三位；入选品牌数量前十名的国家还有日本（42个）、中国（40个）、德国（27个）、瑞士（21个）、意大利（14个）、荷兰（9个）和瑞典（7个）。由此可见，虽然欧洲经济低迷，但欧洲国家的超级品牌依然坚挺。

（三）入榜行业重点集中于汽车与零件、食品与饮料以及传媒领域。

排行榜共覆盖54个行业，汽车与零件行业以35个品牌入选位居第一；食品与饮料行业有33个品牌入选，超越传媒行业位居第二；传媒行业以30个品牌退居第三；零售行业继续保持上涨的势头，以24个品牌超过能源行业（23个）排名第四；互联网和银行业各有22个入榜，并列第六。排名前十的行业还有计算机与通信行业（21个）、电信行业（19个）及保险行业（17个）。

（四）新上榜品牌数量小幅提升。

2019年新上榜的品牌数量小幅提升，总计有35个，比去年增加3个。其中，有7个品牌来自英国，5个来自美国，5个来自日本，4个来自法国，4个来自中国，2个来自加拿大，其余少数品牌来自沙特阿拉伯、卡塔尔、西班牙等。新上榜品牌中，排名最高的为中国华润，位于总榜78名。中国新上榜的品牌除了华润，还有中国光大集团、徐工集团以及魏桥集团，这几个品牌在各自领域成绩斐然，品牌的国际知名度得到不断提升。

（五）服装服饰、汽车与零件等行业品牌价值排名下滑幅度较大。

作为曾经的时装界销量霸主，H&M没有适应消费者需求的变化，销售额连续下滑，成为今年下滑最大的品牌。汽车行业遇到前所未有的行业困境，通用汽车、日产和特斯拉分别位列下跌幅度最大的第3名、第8名和第9名。

（六）上榜品牌平均年龄略有提升。

上榜品牌的平均年龄达到101.94岁，相比去年的100.14岁略有提升。其中100岁及以上的“老字号”达217个，美国以89个占比达到4成。英国的两所知名学府牛津、剑桥分别列为最古老品牌的前两名。除拥有悠久历史的著名大学之外，法国的老牌公司圣戈班Saint-Gobain（354岁）是企业界拥有最长历史的品牌。中国上榜品牌中只有茅台（315 年）、青岛啤酒（116 年）、五粮液（110 年）、中国银行（107 年）超越百龄。依行业来看，食品与饮料类品牌最古老，100 岁以上入选品牌 29 个。互联网品牌最年轻，如 DXC 科技、Aptiv、Instagram 等品牌从建立至今不到 10 年时间，却都拥有几亿用户，并成为世界级品牌。

二、由榜单看我国品牌建设现状

（一）中国与品牌大国上榜品牌数量差距甚大。

近年来，我国上榜品牌数量虽然呈上升趋势（2017 年 37 个，2018 年 38 个，2019 年 40 个），但品牌上榜情况相对于 14 亿人口大国和世界第二大经济体的国际地位差距甚大，中国品牌的价值和影响力仍有待提升。

（二）中国品牌在榜单中的整体排名不高。

排行榜前 10 位中，有 8 家为美国品牌。而入围百强的中国品牌只有 10 个，分别为国家电网、腾讯、海尔、工商银行、华为、中央电视台、阿里巴巴、华润、中国移动和联想。排名最好的“国家电网”品牌仅名列榜单第 28 位，中国品牌在榜单中的整体排名不高。

（三）中国上榜企业中制造业品牌占比较小。

中国上榜品牌的 40 个品牌中，能源、银行等行业上榜品牌数量较多，而制造业作为我国国民经济的主体，却仅有 10 个品牌上榜（分别为海尔、华为、联想、长虹、中国中车、中国航天科工、恒力、徐工、魏桥、台积电），占中国上榜品牌总数的 25%。这 10 个品牌中，仅有海尔、华为及联想 3 个品牌进入前百强。反映出我国制造业创造的世界级品牌相对较少，与中国制造大国的地位、制造强国的目标极不相称。

三、推进我国品牌建设的相关工作建议

（一）加强战略规划，筑牢品牌建设根基。

当前，我国在家电、计算机与通信等领域形成了一批知名品牌，但大多数企业，尤其是制造业企业，仍处于传统行业。企业往往认为生产、研发、制造等的环节重要性更高，对于品牌建设的重视程度还不太够，品牌意识不强。建议我国进一步将品牌建设纳入总体发展布局，研究并建设系统的品牌政策支撑体系，将品牌战略作为推动经济高质量发展的重要抓手，积极建设具有全球竞争力的世界一流企业，并将品牌建设作为选取试点的重要考量，引导企业有针对性地谋划品牌战略和策略。

（二）加强品牌传播，服务国家海外利益拓展。

强势品牌的塑造，离不开有效的传播渠道与手段。建议我国进一步发挥企业市场主体作用，利用“一带一路”国际合作平台，加强企业品牌推介力度。与此同时，充分发挥行业协会、新闻媒体以及国际知名学术机构、团体在讲好中国故事、传播中国声音中的重要作用，共同推进中国特色品牌建设。

（三）实施创新驱动，提升企业品牌活力。

大力实施创新驱动战略，以先进技术为支撑、以质量为生命，持续提高企业创新能力，扩大高质量产品与服务供给。聚焦高科技产业、高端制造业、移动互联网等重点行业，在打造科技强国、制造强国、网络强国的过程中，大力弘扬企业家精神和工匠精神，鼓励企业积极探索品牌定位差异化、价值高端化以及融入中国文化的典型经验和特色做法，加强交流、培训，努力打造一批中国品牌、世界品牌。

参考案例6［社会热点分析］

从××市××大楼火灾看高层、超高层建筑消防救援难题破解

××月××日，××市区内建筑高度××米的××大楼发生火灾，造成广泛社会影响和巨大经济损失。高层、超高层建筑消防救援再次引起广泛关注。高层、超高层建筑火灾的救援是一个世界性难题，国内外均没有特别有效的处置手段。为进一步做好我国高层、超高层建筑消防救援工作，建议由国家相关部门牵头组织，加强我国高层、超高层建筑消防救援整体解决方案论证，统筹研究论证消防救援设施体系和装备体系建设方案，强化消防救援技术体系建设，整体提升我国高层、超高层建筑火灾防控救援综合能力。

一、高层、超高层建筑消防救援现状及问题

（一）我国高层、超高层建筑数量居世界首位。

我国高层建筑是指建筑高度大于27米的住宅建筑和建筑高度大于24米的非单层公共建筑，高度大于100米的建筑为超高层建筑。据世界高层建筑与都市人居学会《2020高层建筑年度回顾》报告显示，我国拥有150米以上的超高层建筑2581座，其中200米以上861座、300米以上99座，这三项指标均保持世界第一。

（二）我国高层、超高层建筑火灾频发，防控救援难度大。

高层、超高层建筑体量庞大、功能复杂、人员密集、危险源多的特点决定了其火灾防控难度大，灭火、救援难度大，造成损失大、影响大。一旦发生火灾，高层、超高层建筑火势蔓延更快，消防救援窗口更小。而高层建筑消防救援展开时间更长，消防作业面受限、登高途径少，消防装备能力不足，人员登楼体力消耗大，很难在第一时间到达现场开展灭火、救援作业。据应急管理部统计，我国2021年共接报高层建筑火灾4057起。

（三）我国现有高层、超高层建筑消防救援设施、装备不足以应对火灾救援，亟待统筹规划、整体布局、系统发展高层、超高层建筑消防救援装备。

一是灭火救援地面消防装备举升高度不够、水压不足，存在“进不去”“展不开”“够不着”问题。世界最高消防举高车举升高度也仅有101米，通常能够达到30层的高度。国内消防举高车举升高度通常在50米左右，能够达到15层的高度。消防举高车在城市环境展开作业面有限，使用受限。二是消防无人机、直升机等空中飞行消防装备在火场侦察监测、数据采集等消防侦察方面作用效果明显，但在消防灭火和救援方面，由于载荷不足，作用效果有限，且飞行操纵复杂，危险系数较高，易受烟雾、气流等因素影响，易引发次生危害。三是灭火导弹、消防机器人、电磁灭火炮等特种消防装备，在侦察搜救、抛投运输、信息通信等方面弥补了现有消防主战装备的不足，但此类装备效费比低，且受环境影响较大。

二、启示建议

（一）坚持体系策划，加强我国高层、超高层建筑消防救援整体解决方案论证。

建议国家相关部门牵头组织：一是坚持预防为主、防消结合，统筹研究论证我国高层、超高层建筑消防救援整体解决方案；二是充分借鉴系统工程理论，统筹研究论证高层、超高层建筑消防救援设施体系和装备体系建设方案，分类、分段、分步牵引我国高层、超高层消防救援设施体系和装备体系建设；三是适时优化完善相关国家法律法规和标准。

（二）坚持创新驱动，持续完善高层、超高层建筑消防救援的技术体系，有力提升我国高层、超高层建筑消防救援的体系化精益化智能化水平。

统筹规划高层、超高层灭火救援装备重点项目，强化无人技术、网络信息技术和人工智能、无人机、灭火弹等在高层、超高层建筑消防救援中的应用研究，更有针对性地开展技术应用、技术培育、技术突破。特别是针对高层、超高层建筑楼内、室内空间布局的特点，强化适应性新技术的开发和应用，持续推进现有设施和装备的适应性改进，持续支撑新设施、新装备的研发。同时，对现有高层、超高层建筑逐步开展消防救援设施和装备的改造升级。

（三）坚持以实战促建设，持续拓展实战演练的深度和广度，整体提升我国消防救援队伍应对高层、超高层建筑火灾的综合能力。

通过实战持续锤炼各类设施、装备的性能，强化指挥协同、设施协同、装备协同，持续提升我国消防队伍应对未来复杂多发的高层、超高层建筑火灾火场火情处置能力。开展高层、超高层消防救援应用试点，通过实战演练验证实际效果、效能，强化先进设施、先进装备的精益配属、应用。

参考案例 7［行业分析］

医疗产业变革热潮下互联网医院的发展趋势、问题及建议

2020 年 2 月，国家卫健委发布《关于加强信息化支撑新型冠状病毒感染的肺炎疫情防控工作的通知》，要求各地充分发挥信息化在辅助疫情研判、创新诊疗模式、提升服务效率方面的支撑作用，加强信息化支撑疫情防控工作。作为互联网+医疗健康产业中最核心的产业环节，互联网医院的发展按下了快进键。

一、互联网医院发展现状

自 2014 年，全国首家云医院上线运营以来，各种互联网医院服务模式不断涌现，产业政策也从框架性意见逐步推进到具体的政策规范。

（一）产业政策逐步明朗。

2015 年 7 月，国务院发布《关于积极推进“互联网+”行动的指导意见》，明确提出推动互联网领域向医疗领域拓展。2016 年 10 月 25 日，《“健康中国 2030”规划纲要》印发，进一步明确了积极推动“互联网+医疗”的工作要求。2018 年 4 月 28 日，国务院办公厅印发《关于促进“互联网+医疗健康”发展的意见》。2018 年 7 月 17 日，国家卫健委、国家中医药管理局《互联网诊疗管理办法》《互联网医院管理办法》《远程医疗服务管理规范》等制度文件出台，互联网医院进入快速发展时期。

2019 年 5 月 23 日，国务院办公厅印发《关于深化医药卫生体制改革 2019 年重点工作任务的通知》，将制定互联网诊疗收费和医保支付的政策文件列为年度重点工作任务之一，要求组织开展“互联网+医疗健康”省级示范区建设。同年国家医疗保障局印发《关于完善“互联网+”医疗服务价格和医保支付政策的指导意见》，明确“互联网+”医疗服务价格，纳入现行医疗服务价格的政策体系统一管理。同期发布《关于开展“互联网+护理服务”试点工作的通知》，互联网+护理落地实施。2019 年 9 月 29 日，国家发改委等多部门印发《促进健康产业高质量发展行动纲要（2019—2022 年）》，将“互联网+医疗健康”列为 10 项重大工程之一。2020 年 2 月 4 日，国家卫健委发布

《关于加强信息化支撑新型冠状病毒感染的肺炎疫情防控工作的通知》。2月10日，习近平总书记视察了地坛医院远程医学中心。

在国家政策不断倡导推动下，地方互联网医疗政策快速出台，天津、浙江、江苏、上海、武汉、北京等地相继出台相关政策，支持定点医疗机构开展互联网诊疗服务，将互联网+医疗服务纳入医保支付范围。同时，互联网医院的批复速度也在加快，包括北京在内的全国各地多家互联网医院得到资质批复。互联网医院建设进入政策利好的发展窗口期。

（二）产业规模快速扩大。

2014年9月，全国首家云医院宁波云医院上线运营，同年10月，广东省第二人民医院网络医院开业。2015年12月，乌镇互联网医院正式营业，借乌镇互联网大会的影响得到广泛关注。2016年2月，全国首个公立三甲医院线上院区“浙一互联网医院”在浙江大学医学院附属第一医院上线。此后，互联网医院建设快速在各大医院落地，华西医院、中日友好医院、河南郑州大学第一附属医院的互联网医院建设成为业内典型示例。据国家卫健委不完全统计，至2019年10月全国互联网医院已有269家。

在各种互联网+医疗服务的服务形式中，远程医疗的应用推进速度最快，应用最为广泛。如××单位打造了以远程医疗为核心的互联网+医疗服务体系，发展了以××医院为代表的远程医疗服务模式，涵盖了远程临床会诊、远程门诊、远程多学科病例讨论、远程双向转诊、远程影像、远程病理、远程心电，以及远程健康管理等医疗类服务项目。通过远程医疗承担医疗帮扶责任，对口支援××家医疗机构，涉及10余个省市，使帮扶工作常态化，解决人民群众就医过程中的“难点”“堵点”问题。特别是此次新冠肺炎疫情期间，为提高新冠肺炎重症患者救治率，身处湖北孝感“疫区”的湖北××医院与位于北京的××医院医疗团队通过远程医疗对新冠肺炎重症患者进行多学科会诊，进一步提高了湖北××医院疫情处置能力。

除医疗机构的积极建设外，互联网企业在医疗行业的布局也在不断推进。“互联网+医疗服务”的平安好医生成功上市并获得较高估值；“互联网+医药”的阿里健康业绩爆发式增长。互联网医疗产业的IT基础建设竞争格局也在不断加剧，腾讯入股了东华软件，阿里入股了卫宁健康。

随着新冠肺炎疫情的暴发，浙江省杭州市3家社区医疗卫生服务中心在2020年2月12日率先提供“互联网+”慢性病复诊服务，目前已有32家社区卫生服务中心上线。2月16日，湖南省卫健委正式批准同意8所医院设置互联网医院。2月17日，北京协和医院开通线上专科咨询，2月20日北京中日友好医院完成首单互联网诊疗服务，服务内容涵盖在线复诊、在线处方开具、药品配送全流程。2月28日，北京燕化医院与北京市医保系统进行对接，完成北京医保“互联网+医疗”首单在线结算报销。各地医疗机构积极申请互联网医院资质，具有传统医疗资源优质的大型三甲医院也在积极布局互联网医院建设，互联网医院建设迎来高潮。

（三）产业链条逐步清晰。

围绕着互联网医院的发展建设，周边产业链环节也在快速发展。

医药电商将迎爆发式发展。随着处方药电子商务销售和监管模式的创新以及互联网延伸医嘱、电子处方等网络医疗健康服务的应用，特别是在新冠肺炎疫情的催动下，处方药网售权限有望开放，医药等企业也将更多利用电子商务平台优化采购、分销体系，提升企业经营效率。

医疗信息化产业快速推进。随着互联网医院的发展建设，信息技术、智能技术、大数据应用等新技术手段不断应用到医疗服务领域。单体智慧医院建设、区域共享的智慧医疗体系都在加速建设，各大IT技术公司纷纷布局，医疗信息化产业发展迅速。

二、互联网医院发展问题

“互联网+医疗”发展刚起步，在政策制度、硬件支撑、协同性与体验感方面还存在很多问题，成为制约发展的重要瓶颈。

（一）管理政策及行业规范及标准需要进一步明确。

疫情催动下，各地互联网医院建设政策加速出台，一直被视为互联网医疗发展瓶颈的医保支付也紧急“上线”，让在线复诊的患者也能享受医保待遇。但疫情冷却后，一些临时性的管理政策还需要进一步完善和明确，具体的管理要求和政策规范还需要探索推进。

目前，仍有许多地方的卫生信息平台并没有与医保经办机构联网，还没有实现医疗、医药、医保信息互联互通，医保支付缺乏必要信息支撑，医保不支持移动互联网支付会直接影响到居民接受、使用“互联网医疗”的范围和程度。同时，互联网医院及在线医生的资质认定、患者医保类别的识别、医生在线执业的软硬件开发和监督、在线医保支付的对接和流程、医保部门对在线医疗服务的评估考核、在线执业医疗责任保险的设置以及医生相应的绩效激励措施等政策问题还需要进一步解决。

现有互联网医疗行业标准的缺失也在制约着行业发展。各类App和医疗可穿戴设备接口标准不统一，不同应用和设备针对同一指标测量指标不同，大量数据无法接入健康档案。“互联网+医疗”准入门槛、从业规范、监督管理等相关规范还不完善，业务开展过程中的权责利关系、收费标准、医疗事故责任划定等还有待进一步明确。另外，互联网医院实行信息公开、共享，会给患者个人信息泄露带来潜在风险，特别是大数据开发有可能造成个人信息泄露，急需不断完善与信息开放相匹配的信息安全保障体系。这些都严重制约互联网医疗的发展。

互联网医疗需要与传统医疗机构内部的信息化系统实现互联互通。因此，互联网医疗的信息标准方面应在遵循国家已有的医疗卫生信息化标准基础上，根据互联网医疗新的服务模式进行丰富与完善。

（二）信息基础设施建设不足，互联互通与资源共享尚不能实现。

基础设施建设方面的制约已成为限制互联网医院发展的软肋。目前绝大多数地方医疗机构之间难以实现互联互通，患者检验检查结果不能共享，医院孤岛现象严重阻碍了不同级别医疗机构之间相互转诊，居民电子病历数据库、区域信息平台等均无法建立。从主观方面看，各医疗机构不愿也不能主动将患者相关信息共享、公开，从客观方面看，技术标准不统一，各医疗机构使用的信息系统不同，相互之间难以实现连接。而且各医疗机构的基础数据库标准也不统一，病种编码、收费代码等各自为政，即使互联互通，也难以实现信息共享。

（三）服务体验感较差。

由于目前的互联网医院建设标准不统一，应用端形态各异且发展不成熟，在实际使用过程中还存在一家医院一个入口，医院之间不能互联互通，应用界面不友好、交互应用体验感较差等问题，影响着互联网医院的广泛应用。

同时，互联网医院诊疗规范还不完善，医院和医生在提供互联网医疗服务的过程中的诊疗行为管理不够系统，碎片化服务时间对医疗服务质量也有负面影响，服务体验不佳。

三、推动互联网医院发展的建议

（一）统筹互联网诊疗平台顶层设计，完善互联网医院产业发展宏观蓝图。

（略）

（二）加强互联网诊疗平台技术研发，推动互联网医院技术自主创新和信息安全。

（略）

（三）加速互联网诊疗标准制定，推进互联网诊疗平台应用示范。

（略）

参考案例 8［技术推广应用］

建议利用计量测试技术助力碳达峰碳中和目标实现

实现碳达峰、碳中和是以习近平同志为核心的党中央统筹国内国际两个大局做出的重大战略决策。在推动碳达峰碳中和目标实现过程中，全面准确掌握碳排放数据是制定低碳经济发展路径、分配碳排放权、开展碳交易、征收碳税等的前提和依据，是急需开展的首要工作。目前，我国尚未建立完整可靠的碳排放量化体系，量化工作受工具、方法制约，数据准确度不够高，碳排放量化总体水平不高。与此同时，能源变革也需要先进计量测试技术发挥基础和引领作用。建议加强碳排放量化管理，以系统工程理论为指导，助力构建碳排放监测体系，应用计量测试技术提升碳监测的实时性、准确性、空间覆盖性，并助力新能源发展。

一、支撑碳达峰碳中和目标的计量测试能力亟待提升

（一）尚未建立完整可靠的碳排放量化体系。

获得可信的碳排放数据，需要统筹构建一套跨行业、跨地区、跨气体种类，全面、完整、可靠的量化体系。经过多年发展，我国初步建立了碳排放核算报告制度和碳监测系统。但在实际工作中，仍存在需要的数据测不到、测不准，不同方法手段测得数据不一致等情况。分析原因：一是部分工业量化核算报告系统缺少量值溯源机制，缺乏数据比对验证，数据可靠性不够高；二是我国试点开展的碳监测行业和区域覆盖不全，监测气体种类覆盖不齐，存在监测盲区、盲点；三是排放源监测、工业厂区监测、无组织排放区域监测等不同类型监测数据之间缺乏关联融合，不能相互补充、互为验证。

（二）工业锅炉碳排放量化方法不够准确。

我国工业企业锅炉的碳排放量化主要采用排放因子法、质量平衡法等间接方法。间接方法具有干扰多、误差大、成本较高等缺点，核算数据不够准确、可信。使用在线监测系统对碳排放进行连续监测的直接测量法能够克服间接法的缺点，在国际上正在得到日益广泛的应用。例如，美国强制要求一定排放量以上的锅炉使用在线监测系统，欧洲许多国家也在大力推广使用在线监测系统。

（三）高准确度碳监测设备、传感器技术积累不够。

碳监测的技术难点之一在于解决高准确度测量问题。例如，在世界气象组织建立的全球大气监测计划中，对背景空气二氧化碳在线监测的可比性要求为0.1ppm，而一般情况下二氧化碳在环境中的实际浓度是400ppm左右。监测二氧化碳排放，需要设备测量不确定度低于万分之2.5，对监测系统的测量准确性提出了较高要求。目前，我国在高准确度监测设备、传感器领域技术积累不够，存在部分依赖进口、成本偏高等问题。

（四）没有实现高时空覆盖的碳监测。

全面准确掌握碳排放情况，需要获得覆盖全部空间且随时间变化的动态数据。碳排放和碳汇形式复杂，监测数据来源多、对象多、成分多，且需要测量浓度变化和总量变化，实现高时空覆盖的碳监测面临巨大挑战。需要采用多种监测方法和工具，有效利用天、空、地等多种监测平台，充分运用有关技术积累，突破空间动态排放测量、多数据融合应用等关键技术。

（五）能源变革需要先进计量测试技术发挥基础和引领作用。

到 2030 年，我国非化石能源占一次能源消费比重将达到 25%左右，风电、太阳能发电总装机容量将达到 12 亿千瓦以上。未来将以风能、太阳能、氢能为主构建一个新的能源体系。因此，迫切需要先进的新能源计量测试技术为能源转化效率量化评估、能源安全性应用评估以及全社会节能提效水平评估等提供有力支撑。例如，通过利用先进计量测试技术提升对太阳能模块功率、转化效率等的测量准确度；解决风能发电大型扭矩计量标准建立、大转子直径测量等问题以及氢燃料电池测量、氢高压测量、氢储罐安全性评价等问题。

二、应用计量测试技术，助力碳达峰碳中和目标实现的建议

（一）加强碳排放量化管理。

把碳排放量化管理工作作为我国推动碳达峰碳中和目标实现的一项核心工作抓好抓实。一是在工业碳排放量化方面大力推动直接测量法的应用，对量化溯源方法、溯源周期、第三方核查机构的计量能力等提出明确要求，并建立碳核查报告动态监管制度，从排放源头有效保证量化质量的提升。二是顶层规划、分步实施，逐步推动各类碳排放计量标准的建立和计量技术规范的制定，实现碳监测数据互通、融合、可比。

（二）以系统工程理论为指导，助力构建碳排放监测体系。

碳排放监测来源多、对象多、成分多、耦合多，且具有动态性、时空高覆盖性等特点，是一项复杂的系统工程。建议以系统工程理论为指导，以多源融合、高时空分辨、准确可信、可验证为监测目标，根据大区域监测、工业园区整体监测等不同监测需求，采用基于系统工程的建模

(MBSE)方法，构建地形、区域功能、气象、排放源、碳汇、数据反演等模型，合理布局监测网络并设置监测站点。充分利用天、空、地等平台碳监测能力，创新应用先进传感技术，完善边缘通信网络，构建覆盖全面、数据准确、实时可视的碳排放监测体系。

（三）利用先进的计量测试技术和装备，提升碳监测的实时性、准确性、空间覆盖性。

建议加强先进计量测试技术转化应用，助力提升监测的实时性、准确性和空间覆盖性。例如，微小型原子钟技术、高动态北斗时间接收技术等能够为卫星、无人机、浮空气球等平台的监测设备及传感器提供准确的时间和空间刻度，辅助获得高时空分辨力的碳排放数据；卫星测量载荷研制技术、地面定标技术等能够支撑开展空间碳监测；光谱仪、激光雷达等高性能测试产品可广泛应用于卫星、高空站、空气质量站等碳监测任务之中，有效提升碳监测设备性能。

（四）应用计量测试技术，助力新能源发展。

××企业在××的研制中积累了太阳能、氢能计量测试技术。建议进一步推动相关技术在新能源领域的发展应用，通过产学研合作、央企强强联合等方式进一步深化研究，加快突破关键核心技术，提升整体技术水平。

四、专题类政务信息写作要领

（一）专题类政务信息写作注意事项

专题类政务信息主要围绕一个主题、一种产品、一项技术或一个独立事件进行阐述，向上级反映某一项重要工作的进展情况、重大决策部署及贯彻落实情况，阶段性的工作总结、归纳和分析，应有新意，展示业绩。专题类信息一般以描述性、说明性为主，基于笔者的经验，对于国有企业，比较常见的专题类政务信息有工作经验类、决策部署反馈类、产品/技术类等。

1. 工作经验类

编写要素：写法灵活，没有固定模式，一般开头简单介绍背景和目的，主体具体介绍主要的做法、经验，结尾简要介绍成效或后续的工作设想等。

要领：内容要具有代表性，具有典型意义和普遍指导作用，能够推广应用，可供同类单位或人员学习和借鉴。编写信息要做到重点突出，详略得当，不需要面面俱到，要突出工作的特色，总结出带有本质和规律性的经验和做法，不简单罗列素材。

例：

××单位率先开展党委书记述职评测
“述、问、评、测”促党建主体责任深化落实

为贯彻中央关于落实全面从严治党责任、加强党的基层组织建设的重要指示精神、国资委关于在部分中央企业开展二级单位党委书记述职评议考核的文件精神和××公司党组“建设一支压不垮、打不烂、拒腐蚀，想干事、能干事、干成事的干部队伍”工作要求，××单位党委将开展党委书记述职评测工作列入××单位从严治党能力提升专项工作方案，作为落实从严治党要求、落实党委书记履行党建工作主体责任的一个重要抓手，经过周密策划与各项准备工作，召开党委书记述职会议，在集团公司内率先开展了党委书记述职评测工作。

一、突出“四个聚焦”，统筹策划，紧前准备

二、实施“述、问、评、测”，真诚用心，严肃公正

三、发扬首创精神，发挥示范作用，促进党建主体责任深化落实

2. 决策部署反馈类

编写要素：交代贯彻落实什么精神，交代本单位落实情况。

要领：要选取与部署工作密切相关的新情况、新经验，选取有代表性的、有典型意义的情况和问题。信息的内容务必客观、真实、准确，要有时效性。

例：

深入贯彻××国务委员讲话精神

早日建成国际一流××公司

一、坚持把圆满完成××装备建设任务作为最优先追求目标，确保按计划高质量完成科研生产任务。

二、坚持走符合自身特点和现实条件的民用产业发展之路，积极融入国民经济主战场。

三、坚持创新创业，紧紧围绕转型升级、提质增效，持续深化改革，加快创新发展。

四、坚持“质量第一、安全第一”的发展理念，促进质量管理和安全生产管理水平的全面提升。

五、坚持“同是航天人，共圆航天梦”，推进与××集团的沟通协作，携手并进，共同发展。

3. 产品/技术类

编写要素：介绍背景，产品/技术，意义、作用、市场前景等。

要领：编写信息要从产品/技术本身的功能、作用出发，突出先进性、原创性等特色，实事求是，不夸大也不低估，切忌写成产品宣传册。

产品/技术类专题信息与技术发展类综合信息不同，前者一般基于某件新产品、某项新技术进行介绍，重点展示其功能、作用和价值，后者一般偏重对技术的整体把握与分析研究，提出后续发展的建议。

（二）参考模板与案例

1. 工作经验类

××单位推进××工作　××成效显著

（标题灵活，能反映工作特点即可）

××工作是××，是企业发展不可或缺的关键之一。为××，××单位××时间通过实施××，××，××，有效促进了××开展，取得××成绩，创造了良好局面。（概述，包含工作的作用和意义、开展时间、做法简述、成效简述等）

经验一

经验二

经验三

……

××单位开展××工作取得的成效。

通过××，××，××，××单位××指标提高××%，……。（详细的成效，可分条叙述，要有数据和具体示例）

例：

××单位创新开展“党小组开放日”活动
推进“两学一做”学习教育常态化制度化

20××年以来，××单位创新推行“党小组开放日”活动，引入开放型组织概念，通过立样板、树标杆、出成果、推共享，以规范党的基层组织建设为抓手，持续丰富党员教育成长、模范引领、作用发挥的载体，促进了党的基层组织建设的创新和变革。

一、固定主题，打好“样板”

“党小组开放日”固定主题、打“样板”，着力解决党的活动随意化、走过场等问题。开放日的时间固定为每月最后一个周五，活动计划需提前上报所党委进行审查，通过后在全所进行公示。要求活动主题与党章要求、业务工作深度融合，聚焦党员关心关注、组织建设和中心工作所需解决的重点和难点问题。活动明确了学习分享、榜样示范、研讨提升、红色仪式、提炼总结五个重点环节，为党小组编辑制作了《党小组开放日这样办》样板课程，明确和规范了“党小组开放日”如何开展、需要达到什么效果，并组织“党小组开放日”集中观摩学习，有效提升了开放日活动开展的效果和质量。

“党小组开放日”活动时间相对集中，将活动权力直接下放到党小组、党员，使活动内容更能贴近党员所需。截至目前，全所“党小组开放日”已经组织了××场，参与党员××人次。多频次、小范围、规范化的“党小组开放日”活动，使小组内部不断加深理解、密切了组织关系，有效提升党员意识和组织意识。

二、放活载体，更接“地气”

“党小组开放日”放活载体，着力解决党组织虚化、不接“地气”的问题。鼓励开放日主题和载体多样化，鼓励党小组更加贴合党员和党组织关心关注的问题，积极创新。通过主题研讨、头脑风暴、桌面推演等多种模式，将教育模式从说教式改为体验式、启发式，激发了党员的参与热情，实现自下而上的碎片式思维整合，引发党员的系统思考、自我超越。

目前开展的开放日活动，有的聚焦党员先锋模范作用发挥，开展“党员模范作用体现在哪儿”大讨论；有的聚焦工作如何落地“三创新”，开展主题思辨会；有的聚焦工作效率提升，开展流程再造分析；有的聚焦“学习贯彻十八届六中全会精神”，开展知识竞赛，等等。丰富多样的活动形式突破了传统固有模式，吸引党员自觉自愿参与其中，有效提升党组织的凝聚力。

三、推树标杆，激励“学习”

“党小组开放日”设置“我是党员、我做示范”环节，通过“打造”模范，着力解决党员作用不突出的问题。年初制定开放日计划，明确榜样示范环节的人选和方向，每名“我是党员、我做示范”的党员，根据选定的方向展示和交流自身的经验做法，供大家学习参考。对于交流的党员来说，反思、提炼、总结本身就是一次学习成长过程，被推树为模范也是不断鞭策自己、保持先进的持续激励。

在榜样示范交流环节，既有所内评选出的年度“匠心榜样”“创新榜样”“先进党员”等先进人物，也有在质量保证、产品设计、工装设计、信息化工具应用甚至保密、6S 等方面的专家。通过经验交流、传承，以及外化为全所传播的“党员先锋”晒出来，将榜样的隐性知识显性化，实现知识共享，使党员模范作用“看得见”“学得到”“用得上”。

四、鼓励开放，让思想“共振”

“党小组开放日”向小组外的党员、群众开放，解决党组织弱化、淡化的问题，提升党组织活动的覆盖面和影响力。“党小组开放日”将学习教育、经验成果、组织生活、研讨交流全部开放，既接受参与，也接受监督。通过党小组吸引和带动群众，实现内外部资源流通、思想流通、经验流通，并通过群众的参与、不断改进和完善活动的内容和方式，实现党小组内外方向的统一、理念的共振、成长的同步。

××单位联合××党小组围绕“××那些事”开展研讨，吸引了多个岗位人员参加，充分曝光××质量薄弱环节并制定针对性措施；联合××党小组围绕“如何更好为群众提供服务”，多个服务保障部门党员、群众共同参与，开展头脑风暴明确改进举措和方向。在××党小组质量专题组织生活会上，党员对标问题开诚布公地进行批评和自我批评，与会群众也提出批评意见，“红红脸、出出汗”成为开放日的主旋律。在红色仪式环节，××党小组过集体政治生日，激励党员不忘初心；××党小组选择回顾“老三篇”红色经典，重温革命前辈的谆谆教诲；××党小组选择集体朗诵革命诗篇，感受革命者的激情豪迈，参与这些党小组活动的群众也受到了震撼和教育。

2. 决策部署反馈类

××单位开展××　推进××工作

（标题灵活，能反映工作特点即可）

为××，××单位××时间开展了××，通过××，××，××，××工作取得××成绩，创造了良好局面。（概述，包含目的、时间、开展工作综述、简单的成效、作用和意义说明等）

做法一

做法二

做法三

……

通过××，××，××，××单位××指标提高××%，……。后续，将继续××，推动××。（详细的成效、作用和意义，最好有数据，后续工作设想）

例：

××单位“三哑”改造取得阶段性成效

近日，××单位完成××台内部设备接入××平台工作，率先完成上级阶段考核指标，为后续工作推进提供了有力支撑。

20××年以来，××单位深入贯彻落实上级单位“三哑”改造及智慧企业建设要求，通过推进设备智能化改造和数字化集成建设，全年设备有效利用率提升××%以上，全员劳动生产率、人事费用率等指标稳中向好，为××单位在信息经济时代提升核心竞争力奠定坚实基础。

一、以“信息化”为抓手，“三哑”改造提前布局

一是结合生产实际，勇于创新，提前构建“三哑”设备改造管理体系。20××年，××单位明确提出建立设备在线监测系统的构想，把对设备完好率的管理考核转变为对设备利用率的管理考核，通过有效掌握设备的运行状态，用客观数据实时分析设备的综合利用率，为设备运行效率的提升提供管理决策数据，进一步提升全员劳动生产率。同时，××单位成立由主要领导担任组长的项目领导小组，落实设备在线监测系统建设工作，并设专人对一期监测的××台机加数控车床利用率数据进行月度分析并挂网公示，做到设备在线监测的常态化管理。

二是以前期在线监测工作为基础，积极落实上级单位“三哑”改造工作要求。20××年，上级单位“三哑”改造进入攻坚阶段，××单位凭借前期在线监测工作基础，经过反复沟通协调，5月14日率先将已实现在线监测的××台设备接入××平台，设备状态数据实现实时传递，并在连接设备的过程中协同××单位进一步完善了系统功能，使其他单位设备接入更加顺利、更易实现。

三是快速实施，以数控设备和自动化设备为试点，信息化在线监控取得实效。在线监控系统建设过程中，通过20××年下半年、20××年一季度两个阶段的建设，实现××台机加数控设备和××台自动化设备的在线监测。其中，××台数控设备的平均运行效率从实施之初的××%提升到目前的××%；××台自动化设备的平均运行效率从实施之初的××%提升到目前的××%。

二、以“大数据”为牵引，推动工作落地见效

一是以“大数据”为依据，重视激励，着力转变职工传统观念，迅速获得一线员工支持。针对设备在线系统上线之初，很多一线员工不理解的现状，××单位以提高设备使用效率为牵引，用“大数据”说话，规定如果设备利用率得到提升，相关人员会获得一定正向激励，迅速调动各层级人员工作积极性，各车间积极配合项目组开展改造工作，经过半年多的运行，设备利用率从上线之初提升××%以上。

二是针对××单位发展中存在的“痛点”，重视“大数据”分析，不断促进公司管理创新。产能瓶颈已经成为制约××单位发展的“痛点”，依靠增加设备来提升产能的传统模式，导致公司员工数量、运营成本不断增加。通过“三哑”改造工作的推进，××单位对设备数据的实时采集，积累了设备运行时间、加工数量、产品合格率等第一手“大数据”；通过分析同类设备的运行时间、产品产量、产品合格率等数据，制定设备的维护保养计划、备品备件采购计划，避免设备的长时间停机维修，同时也保证了产品的质量稳定性；通过设备在线的状态分析和看板管理，及时发现设备运行状态，使公司管理层第一时间了解设备运行效率，对各项管理措施的制定提供科学支撑。

三、以“市场化”为目标，促进运营模式创新

一是依据设备在线管理数据分析，经过设备在线管理系统的运行和对设备在线数据的总结分析，挖掘隐藏在数据背后的管理红利，确保提质增效工作落细落小落实。从计划的合理安排、人员工作时间的有效分配、设备维修保障措施的及时跟进等方面入手，××单位先后已提出××项改进措施，极大提高了生产能力与工作效率。

二是结合自动化与在线监测运行工作，促进高效率、高可靠、高强度价值创造目标的实现。20××年4月，××单位在××工段正式开展生产管理新模式试运行工作，结合自动化生产与设备在线监测工作，进一步提高生产过程人、机生产效率，促进生产管理水平提升，降低生产成本，以效率提升助推××单位形成有效整合内部与外部资源的能力。

目前，××单位设备在线系统建设已将数控设备等的各类数据进行规范，明确数据接入结构要求和参数设定，为“三哑”改造提供了多项接入的标准规范。后续，××单位将进一步加强与××单位的沟通协作，在设备集成的基础上，做到与管理系统的集成应用，真正实现企业经营管理与员工、设备的互联互通，用“大数据”助推××单位智慧化运营。

3. 产品/技术类

××单位成功研制××产品　助力××/利用××技术推进××

（标题灵活，能反映产品/技术特点或用途）

近年来，××问题频发/××作用越来越重要。××产品/技术能够××，可用于××，对××具有重要意义。（概述，简要说明产品/技术应用背景）

国内外背景介绍。（问题说明）

应用××产品/技术，解决××问题/推进××的实践。（产品/技术介绍）

意义、作用、市场前景等。

例：

××成功研制海量视频处理系统

显著提升我国公共安全大数据挖掘能力

近些年，视频破案手段在我国刑侦工作中的地位和作用越来越重要。然而，由于视频监控录像数据量巨大，在海量视频资料中人工寻找线索常规的方法是人海战术，极大地制约着视频破案效率及海量视频资料作用的有效发挥，这就使得建立准确、高效、智能的视频分析和检索平台，成为提升我国公共安全管理效率和水平的一个重要课题。

一、我国智能视频处理技术尚处于起步阶段

近几年，随着平安城市与智慧城市系统建设的深入开展以及社会视频监控的大规模使用，监控摄像头已经遍布城市的各个区域，为警方开展侦查工作提供了极大便利，但由于缺乏视频分析与检索系统，导致一起案件审看视频的数量庞大，费时少则数百小时，多则上千小时。为了在最短时间内获取线索和有用信息，警方只能采用“人海战术”，既耗费大量人力物力，还可能延误抓获犯罪嫌疑人的最佳时机。20××年，国内发生了两起具有代表性的视频侦查案例：一是××枪击案，警方动用500多位民警24小时对上万小时的视频图像逐一甄别，最终发现嫌疑人踪迹；二是××爆炸案，警方通过20余万只摄像头查询犯罪嫌疑人线索，组织500余名侦查人员，调取案发现场、周边及追踪沿线监控录像15000余小时，花费整整4天时间最终锁定犯罪嫌疑人。

目前，国外已经拥有较为成熟的视频目标分析和检索产品，如美国的VSAM系统、以色列的BriefCam系统等。但国内智能目标分析和检索技术还处在起步阶段，大多数智能分析系统误报率和漏报率偏高，市场上缺乏高水平的视频目标分析和检索产品，开发此类产品势在必行。

二、××单位自主研发的海量视频处理系统功能全、性能优

××单位基于××市物联网一期工程项目，经过自主创新持续投入，近日成功研制海量视频处理系统。该系统主要具有以下三种功能：一是可实现视频摘要。通过目标检测，将运动目标（人/车）从监控视频中“抓取”出来，合成短时间的摘要视频，从而提高视频浏览效率。经检测，摄像头一天采集到的视频经过处理，最短可以合成为小于一小时至几分钟的摘要视频。二是可实现视频检索。根据用户指定的检索信息对一段视频进行特定目标的检索，检索的“关键词”可以是颜色信息+目标类别，如以“蓝色”+“人”为条件，可对视频中身穿蓝色衣服的人员进行查找；还可从本视频或其他视频中裁剪一个目标，在视频中进行配对查找，依据目标与样本的相似度依次呈现，并可对可疑目标出现的视频段进行回放。三是可实现智能行为分析。针对用户指定的报警区域、正方向、标志线等范围内的异常行为进行分析及报警。比如，当视频中的运动目标出现越界、徘徊、逆行、遗留、攀爬与翻越护栏等异常行为时，系统可自动发出报警信号，并标注该目标，用以提醒操作人员进行关注并做出进一步处理。此外，该系统还采用了复杂背景下的运动目标检测和跟踪、计算机高速信号处理、目标属性数据库、视频去雾增强等多项自主创新技术，保证了准确性、可靠性，保障办案部门缩短破案时间、提高破案能力。

三、××单位自主成功研发海量视频处理系统意义重大

该系统是针对海量安防监控视频资料应用环境而开发的智能目标分析和视频图像检索平台，其系统检测正确率达××%，目标误检率和漏检率均小于××%，视频检索比小于××%，同时跟踪目标超过××个，达到国内领先水平。

该系统通过视频摘要、视频检索和行为分析"三轮"组合联动，可帮助警方高效、快速检索事件目标、获得目标空间运动轨迹，实现海量视频的有效搜索和处理，成为警方调查取证的重要支撑，从而将警务人员从繁重的视频调查中解放出来，大大提高警务人员的工作效率，有望成为我国利用信息化技术大幅提升公共安全管理水平的"神器"。

五、动态类政务信息写作要领

动态类政务信息主要向上级反映单位的重要事件、重要会议、重要活动、经营管理、科研生产、技术创新等工作进展情况，就事论事，简明扼要，重在突出特点、亮点，具有很强的时效性要求，以便上级能够迅速掌握情况、及时了解动向。

（一）动态类政务信息写作注意事项

采写动态类信息，最重要的是善于捕捉各方面有价值的动态情况，选取最佳的形势和角度，迅速反映给信息需求者。动态类信息篇幅短小精干，语言精练，重点突出。一篇好的动态类信息，应该是读者看到标题（核心观点和结论），已经可以了解整篇信息 70%的内容，看完亮点集中的第一段，已经可以了解整篇信息 90%的内容，后面的背景介绍等相关内容，可看可不看。以下整理了企业常用的动态类信息编写要素，供编报信息参考。

1. 试验类

编写要素：主要内容包括重要的试验；有关键意义的节点；有重大意义的项目立项、评审、定型、验收等。报送重大试验信息要及时，不论成败都要报送。

2. 协议/合同签订、中标类

编写要素：一般要求是省级以上政府或知名、规模较大的企业签订，数额较大。主要内容包括双方协议的主要内容（根据协议，双方将在××等方面开展合作）；合作所产生的积极意义、作用等。

例：

××单位与××机场签署战略合作框架协议

近日，××单位与××国际机场股份公司签订战略合作框架协议。根据协议，双方将在××机场进口设备国产化方面进行合作，重点开展“××机场××航站楼行李转运系统国产化”项目工作。通过在桥载设备、机场专用车辆、机场节能减排项目、新机场建设项目等方面的深度合作，实现“强强联合”，共同打破国外厂家在机场设备方面的技术垄断。

××单位成功中标××边界海防监控系统项目

近日，××单位成功中标××边界海防监控系统项目，中标金额××余万元。此次成功中标，标志着××单位边海防视频监控系统的研发理念由单一化的边境监控转变为多元化的边境管控，适应边海防市场管边控边的发展趋势，对××单位边海防监控项目的筑基和市场拓展有着重要意义，切实有效推动了产业化发展，扩大了市场份额，巩固了国家边海防市场的行业地位。

××市为国家重点经济口岸，××边界由河流和海洋组成，边境管理困难，走私偷渡事件频发，给国家安全和国民经济带来隐患。××单位积极参与该项目前期勘察规划工作，坚持“技术先进、功能实用”的原则，以形成全天候、立体式、多层次、广覆盖的建设模式为主导思想，将光学传感器、图像智能分析、图像压缩编码、计算机网络和移动通信等信息技术领域的新成果应用到项目中，同时紧密结合××边界管控工作实际，确保在恶劣的自然环境条件下可靠稳定工作，提高该地区打击走私偷渡等违法犯罪的效率。

3. 新技术、新产品类

编写要素：介绍技术、产品关键字：××产品或技术是××、开发了××、实现了××、解决了××、验证了××等；进行比较：与传统××相比具有××优越性，打破了××等；总结重要意义：产生了××重要的作用，标志着××，填补了××空白，取得了××突破等。

例：

××单位研制的多通道频标比对装置达国内最高水平

近日，××单位研制的多通道频标比对装置，其附加频率不稳定度测量精度达到××，在性能上已达到国内最高水平，比肩国际同类产品水平。目前该装置已应用于××产品的可靠性和稳定性测试，交付的××产品至今运行稳定，创造了全部产品无故障的良好质量记录。

4. 项目/产品取得（阶段性）成果类

编写要素：重点说明工作进展情况及意义，同时对项目来源、基本情况、完成后的作用、后续工作安排等进行简要介绍。

例：

××单位××省“智慧边海防”试点建设军警民联防平台项目（××市）顺利通过初验

近日，××单位承建的××省“智慧边海防”试点建设军警民联防平台项目（××市）顺利通过初验，标志着该项目正式进入试运行阶段，提高了××单位在安防领域的影响力。

该平台引接融合了多个单位××路视频监控及大批量执勤数据等多种数据信息资源，实现数据和视频资源实时回传至省级联防平台，为省级平台掌握一线动态、监控查证、分析决策、资源调配提供了有力支撑。

5. 领导视察类

编写要素：简单交代背景，具体介绍领导要求。领导职务、军衔等务必要准确。

报送标准：各企业根据上级相关要求确定。

6. 重要会议类

编写要素：准确、简要说明会议主要信息，包括时间、会议名称、会议主题及主要内容、主要参会领导及人员，领导职务、军衔务必准确，单位写全称。

7. 评审类

编写要素：重点说明实施评审对象、评审结果和意义、项目简介。

8. 批复类

编写要素：重点说明获何等级批复、项目内容、项目建成后的意义等。

例：

××单位“××研究”课题获国防科工局立项批复

近日，××单位“××研究”课题获得国防科工局质量与技术基础项目立项批复，并顺利通过了课题任务书评审。该课题为××提供了有效解决方案，能够解决目前国内××问题，使××单位在××技术上达到国内领先水平。

“××研究”课题通过对××的设计与研究，开发××，实现××。

9. 经营活动类

编写要素：活动时间、名称、参加的主要领导及人员等要准确。重点说明活动背景、形式及内容、特点、成效和意义等。

10. 机构设立类

编写要素：机构名称、参加揭牌或启动仪式的主要领导及人员等的基本信息要准确。重点说明机构设立背景、机构职能、作用及意义等。

××单位与××大学成立联合创新研究中心

近日，××单位与××大学知识产权学院共同成立××知识产权大数据联合创新研究中心（简称联合创新研究中心）。这是××单位与××领域高校打造的首个集专业能力建设和人才培养于一体的“产学研”创新平台，旨在实现“校企合作、产学双赢”，同时也是××单位在××地区推进产业布局的重要举措。

中心设立知识产权创新能力评价、知识产权信息在装备创新中的应用、知识产权信息管理制度三大研究领域。后续，将围绕××知识产权大数据在××中的战略需求，聚焦“知识产权智库+信息化”发展模式，以专业能力提升、高端人才培养、产品体系构建为抓手，打造××知识产权领域行业级创新和产业平台，形成涵盖政策研究、数据分析、系统开发多维度的产品体系，为××单位的创新能力提升和产业规划布局提供政策建议和产品服务。

11. **获得资质类**

编写要素：资质名称等基本信息要准确。重点说明获得资质的级别、作用及意义等。

12. **成果荣誉类**

编写要素：直接点题说明获得的是什么成果或荣誉，简要说明该成果或荣誉的有关情况，表明其所处的地位。同时以成果或荣誉为切入点，说明一下获奖单位、集体、项目、个人的主要事迹。

××单位1人1集体获全国“五一”劳动表彰

××月××日，20××年庆祝“五一”国际劳动节暨“建功‘十四五’、奋进新征程”主题劳动和技能竞赛动员大会在北京人民大会堂隆重举行。大会上，397个集体和1197名个人分获全国五一劳动奖状、奖章，1297个集体获全国工人先锋号。××单位××荣获“全国五一劳动奖章”，××单位××班组荣获“全国工人先锋号”。

（二）参考模板与案例

国有企业常用的动态信息，可参考以下模板和案例进行编制。

1. **试验类**

××单位圆满完成××试验

××年××月××日，××单位在××地开展了××试验，取得圆满成功。（试验主体、时间、地点、结果）

××项目依托于××课题，由××部门归口管理。此次试验是××项目针对××应用方向的××试验。试验目的是××。（项目归口背景、应用背景、试验目的、相关重要信息介绍）

研制过程中，××单位采用了××关键技术，攻克了××技术难题，获得了××的试验结果。（试验过程、试验数据、试验结果）

本次试验的圆满成功，标志着××突破了××，掌握了××，为××研制奠定

了坚实基础。(试验重要意义)

2. 协议/合同签订、中标类

××单位与××公司签署战略合作框架协议/

签订××合同/××单位中标××项目

××年××月××日，××单位与××公司签署战略合作框架协议/签订××合同/中标××项目。合同金额××万元/亿元，合同标的是××。协议签订/合同签订/项目中标是××单位××产业市场拓展的重要成果，对××单位××产业发展具有××意义。(协议签订/合同签订/项目中标的意义)

根据协议，双方将在××方面进行合作，重点开展××项目工作。××项目是××，旨在××，通过××，实现××。(战略合作、合同标的内容的意义，项目情况介绍等)

例：

××单位中标××地区气象雷达项目

××月××日，××单位中标××地区一部低对流层风廓线雷达项目。该部雷达主要用于探测地面至××公里上空范围内大气风场的变化情况，具有自动化程度高、时空分辨率高、24小时连续观测等特点。

该部雷达布设后，将与××地区现有同型雷达组成网格化三维风场探测体系，提供水平风廓线和垂直风廓线等数据，能够弥补常规高空气象探测数据时空密度的不足，明显改善气象预报的精细化程度，为把××地区打造成全国智慧气象示范区、气象科技创新引领区、绿色生态气象保障区提供有效的探测手段。

3. 新技术、新产品类

××单位××技术（产品）完成××/取得××突破

××年××月××日，××单位××技术（产品）完成××/取得××突破，达到××，填补××空白。标志着××，对××单位××。(时间、创新描述、取得的突破、该技术（产品）达到的水平、意义等)

××技术（产品）是××，通过××，实现××。可应用于××，市场前景××。（背景介绍、历时、创新具体描述、应用效果、市场前景等）

例：

××单位在片××参数校准技术研究取得突破

近日，××单位毫米波在片××参数校准技术取得突破，成功研制高准确度的在片××参数校准系统，并签订××项毫米波在片××参数计量服务合同。

开展在片××参数计量校准工作，可保证量值溯源的准确性，满足溯源需求，对国内在片××参数测量校准工作加以规范。同时，在片××参数测量可跟踪服务于产品的设计、定型、生产全过程，确保在片上管芯的研制设计阶段就对该产品的××参数特性有着准确测量，避免封装后测量时封装和测试架的影响，确保产品质量，缩短产品研制周期。

该项技术取得突破并获得相关服务合同，标志着××单位从传统××参数计量领域向在片××参数计量领域更进一步，将全面开展频率范围覆盖××~××Hz 在片××参数校准研究，并提供测试服务，全面满足用户对在片××参数的校准测试需求。

4. 项目/产品取得（阶段性）成果类

××单位成功完成××产品/项目

××年××月××日，××单位（如与其他单位联合，需注明其他单位，并说明信息上报单位在该项目中承担的角色）成功研制××，实现了××功能，达到了××水平。（时间、项目主体、项目名称、项目结果，注重关键数据翔实，定量分析在国内国际的位置）

该项目依托于××课题，由××部门归口管理（项目背景、相关重要信息介绍）。该项目成功研制，标志着××突破了××，掌握了××，获得了××，使市场占有率达到××。（项目意义、市场占有率）

作为××，××单位在××项目所涉及领域解决了××技术难题，申请发明专利××项，获得专利授权××项，授权涉及××领域等，开辟了××，市场占有率达到××，为后续××打下坚实基础。后续，××单位将开展××研究。（项目主体单位在该领域所取得的成绩综述、后续工作思路等）

例：

××单位成功研制高铁智能避障设备

近日，××单位成功研制高铁智能避障设备，并顺利通过整机系统功能测试试验。

通常情况下，高铁动车组调车模式下时速不超过××公里，有效制动距离为××米。高铁智能避障设备可在××毫秒内识别××米以外的障碍物，让列车司机有充裕的反应时间做出相应的判断和操作，有效避免高铁动车组在调车模式下，由于监控设备异常或人工瞭望失误未能及时降速、制动，导致车辆撞击异物或追尾等事故的发生，大幅提升动车组调车模式下的行驶安全性，市场前景十分广阔。

5. 领导视察类

××单位××到××单位××

××年××月××日，××单位××到××单位××。××单位××参加活动。（时间、主要来访领导姓名及职务）

××一行参观了××，听取了××，表示××，并要求××。（来访期间活动、重要指示及要求等）

例：

全国政协副主席一行调研××单位

××月××日，全国政协副主席××到××单位调研，××单位高级技术顾问、中国工程院院士××，××大学国家战略研究院秘书长××，××公司副总裁××，××公司总经理××，××单位科技委顾问、中国工程院院士××等参加调研。

××一行参观了××单位展厅，听取了××单位创新工作情况汇报，并进行了座谈交流。××表示，这次到××单位，感觉到××单位的基础越来越雄厚，发展越来越快，目标越来越清晰，变化非常大，成果非常多，很受鼓舞，很高兴。××单位的技术进步非常快，体系、能力都在大幅度提升，已经成为我国××事业的重要支柱。××单位的工业互联网服务全国工业体系，是我国工业发展的重要方向，既是工业管理的基础设施，也是宏观经济产业管理的基础设施，对国家发展作用巨大，希望加快发展。从实体经济、工业产业来说，目前信息产业、交通运输和医疗卫生三大行业市场规模巨大，与民生领域关系密切。××单位有着其他企业无法比拟的优势，要加强产融结合，真正实现技术密集和资金密集，要发展得更快更好。希望××单位勇挑重担，开阔视野，提高政治站位，为"两个一百年"目标的实现，为全国经济技术发展发挥更大的作用。

××表示感谢，同时表示，××单位的使命是传承和创新。××单位将围绕工业互联网、装备制造、信息技术三大核心产业，加强合作，落实好"技术+资金""产业+金融"发展模式，更好地服务国家战略、服务国防建设、服务国计民生。

6. 重要会议类

××单位召开××会议

××年××月××日，××单位召开××会议。××单位××参加会议。（时间、会议名称、主要参会领导及人员）

会议明确了××，取得了××。××表示××，并要求××。（会议的主要内容及取得的主要成果，领导的重要指示和要求等）

7. 评审类

（1）评审

××顺利通过××单位××评审

××年××月××日，××单位××项目顺利通过××单位××评审。标志着××，

对××单位发展具有××作用。(时间、项目名称、实施评审对象、评审结果)

××项目是××。(项目背景介绍等)

(2) 验收/结题

××单位××项目/课题
顺利通过××单位验收/结题

××年××月××日，××单位××项目/课题顺利通过××单位验收/结题。标志着××，对××单位发展具有××作用。(时间、项目/课题名称、项目/课题主体、意义和作用)

××项目/课题是××。(项目/课题情况介绍等)

8. **批复类**

××单位××项目获××单位××批复

××年××月××日，××单位××项目获××单位××批复，批复资金××。标志着××，项目建成后，对××单位发展具有××作用。(时间、项目名称、获何等级批复、项目批复资金及建设内容、项目建成后的意义等)

××项目是××，通过××，实现××。(背景介绍、项目建设内容等)

例：

××单位2项质量管理模式国家标准获批立项

近日，××单位申报的2项质量管理模式国家标准《产品成功数据包络分析实施方法》《追求一次成功的矩阵式质量管理模式》获得国家标准化委员会立项。这2项标准对于促进产业融合发展，推广××装备研制质量管理经验延伸，具有很强的示范意义和民用推广价值，对提升“中国制造”品牌形象具有重要的现实意义和指导意义。

其中，《产品成功数据包络分析实施方法》提供实施成功数据包络分析方法的指南，为承担高复杂、高成本、高风险产品研制的质量管理提供指导；《追求一次成功的矩阵式质量管理模式》提供运用矩阵式质量管理模式追求项目/产品一次成功的指南，帮助应对高风险、小批量以及多状态的项目/产品实施过程中的各种环境，从质量管理保证体系和产品保证体系两个维度构建保证项目质量的双保险，构成系统性矩阵布局，实现项目一次成功。

9. 经营活动类

（1）开展活动

××单位举办××

××年××月××日，××单位举办××。××单位××参加活动。（时间、活动名称、参加的主要领导及人员等）

××活动是××，通过××，实现××，取得××。后续，××单位将××。（背景介绍、活动形式和内容、特点及创新点、取得的成效、总结的经验、后续的计划等）

例：

××中心举办国家重点研发计划××项目群专题交流活动

近日，××中心在京举办“十三五”国家重点研发计划××重点专项成果汇报会暨学术论坛活动。本次活动搭建了项目科研探索、行业交流和成果分享平台，为××技术成果应用实践搭建转化桥梁，为进一步推进“十四五”智慧××科技创新夯实基础。

本次活动获得××单位指导与支持。来自××单位的研究人员通过线上与线下相结合的方式，围绕××科技创新需求、重要成果凝练、应用示范开展、未来技术展望等方面进行了充分研讨和交流。××单位分享了典型应用示范案例。

（2）经济运行

××单位××时间段××运行××

××年××月××日～××月××日，××单位××运行××，达到××，实现××。（时间节点（截至）、定性评价（实现或达到了××）等）

期间，××数据××，原因××。对此，将采取××。（经济运行数据，分析及对策等）

（3）规划计划

××单位××成功纳入××规划/计划

××年××月××日，××单位××成功纳入××单位××规划/计划/列入××名录。标志着××，对××单位发展具有××作用。（时间、项目（产品）名称、进入何等级规划/计划、意义等）

××技术（产品）是××，通过××，实现××。可应用于××。（背景介绍、项目（产品）具体描述、应用效果及前景等）

10. 机构设立类

××单位成立××/××在××单位设立

××年××月××日，××单位成立××/××在××单位设立。标志着××，对××单位发展具有××作用。（时间、机构名称及级别、意义等）

××机构是××。成立后，将通过××，实现××。（背景介绍、机构具体描述、职能等）

例：

××单位成立××分院

助力××地区经济圈建设

近日，××单位××分院项目正式签约并挂牌，区域布局迈出跨越性一步。

××单位××分院的设立，是××单位贯彻落实党中央要求，打造高质量发展重要增长极和动力源的重要举措，是落实××单位与××省人民政府战略合作部署的切实体现。成都分院将聚焦××单位主责主业，推动产业拓展，打造集产品研发、产业孵化、市场营销、人才培养于一体的区域性综合经营管理平台，为××市推进先进制造业集群发展、产学研深度融合，建设具有全国影响力的科技创新中心提供有力支撑。

11. 获得资质类

××单位获得××资质

××年××月××日，××单位成功获得××资质。标志着××，对××单位发展具有××作用。（时间、资质名称及级别、意义等）

××资质是××，将发挥××，实现××。（背景介绍、资质具体描述、作用等）

> **例：**
>
> **××单位高层楼宇灭火系统取得市场准入资质**
>
> 近日，××单位研制的高层楼宇灭火系统获得国家消防产品鉴定证书，取得了“投弹式高层建筑干粉消防车”的市场准入资质，标志着该产品可以正式投产进入市场并装备消防部队，成为高层、超高层建筑火灾扑救的“杀手锏”装备。
>
> 目前，该产品的代理网点遍及北京等10多个省、市，覆盖我国华北、华东、华中、西北、华南五大区域，产品的销售网络已初步成型。

12. 成果荣誉类

××单位（个人）荣获××荣誉

××年××月××日，××单位（个人）荣获××荣誉，是××领域首次获奖/代表××领域最高荣誉/表示××领域达到最高水平/××系统内唯一获奖单位……（时间、奖励名称及级别、特殊成绩等）

××奖励是××。（颁奖机构、评奖对象、奖项含金量、评选周期、既往评选情况等奖项背景介绍）

> **例：**
>
> **××单位在第××届国际质量管理小组大会（ICQCC）上获3项金奖**
>
> 20××年××月××日～××月××日，××单位首次组织参加第××届国际质量管理小组大会（ICQCC）。“导航之星QC小组”“创移无限QC小组”和“睿智QC小组”代表××单位参赛，在众多参赛团队中脱颖而出，全

部获得金奖，代表××单位在质量管理创新方面获得了国际质量组织的高度肯定和认可，也彰显了××单位××年来不断追求卓越的质量管理实践积淀和成果，持续推动××装备质量管理的共同进步。

国际质量管理小组大会是质量管理领域规模最大、涉及面最广、凝聚力最强的国际交流会议，被誉为“质量奥林匹克”。本届国际质量管理小组大会在新加坡举行，大会设置了金奖、银奖、铜奖三个奖项，来自近20个国家和地区的470多个参赛团队参加此次角逐。

六、政务信息撰写过程中常见问题

（一）政务信息写作常见问题

1. 把信息写成工作报告

例：在××的关心和支持下，在××的领导下，在××的共同努力下……

2. 把信息写成工作总结

例：××单位经过××时间的付出和努力，于××年××月完成了××任务。

改：××月××日，××单位完成了××任务，标志着历时××时间的攻关取得阶段性成果。

3. 把信息写成新闻宣传稿

例：大年初四，当全国人民还沉浸在春节的欢庆气氛中时，××单位××室××组某型号课题组全体人员已经结束了假期，全身心地投入到了紧张的工作之中。

改：春节期间，××单位累计加班××余人次。

4. 信息不准确

包括但不限于：

1）对领导的职务表述有误。

2）表述夸大。如，对信息所涉及事件意义的表述存在夸大现象。

3）信息题目与内容不完全相符。如，标题写签约，正文写的是中标。

4）产品名称、试验内容表述不准确。如，未使用标准名称、标准表述，存在口语化情况。

5）数字表达不准确。如，加班 280 余人次，不能写作 281 余人次。

6）表述不统一。如，同一名称或情况在一篇信息中出现多种说法。

7）缺少数据和案例（尤其是在提出发展问题的时候），或者相关数据、论据不准确、不新鲜，来源不权威不可靠；论证不充分，可参考性不高。

> **例：**“根据××团队不完全抽样调研统计……”
> “有专家认为……”

5. 不完整

1）语句不完整。有的上下文脱节，读起来令人费解。

2）内容要素不完整。缺乏一篇完整信息所需要的时间、事件、结果、意义中的某些成分。

3）论据不完整。如，只说国内一流、国际领先，但没有同业比较、没有支撑数据。

6. 漏报

有的情况，新闻媒体都刊载了，信息却迟迟未上报。

7. 时效性不高

不新鲜，有的信息上报后，已时过境迁，失去了价值。

8. 语言、风格不合适

朴实性不够，套话过多；简洁性不够，文学性用语频繁。如“（亲自）

到会”“（饶有兴趣地）参观”“（热情洋溢地）讲话”，括号中的语言均不需要。如：“燃青春之火，我们就是××省青年文明号”就不适宜作为政务信息的标题。

表决心的话不要有。如，“在崭新的一年里，全体职工将在所党委、所领导的带领下，不断提高管理水平，并积极协助各研究室开展工作，为全面完成××年的各项任务努力奋斗……”“有党中央的支持，有各级领导的关心，××一定能……”等类似的描述不需要。

劳苦功高的话不要有。如，“试验当天大漠戈壁突降大雪，试验现场气温骤降到零下二十多度，由于空气潮湿同时水气蒸发凝结，天气湿度达到90%，导致地面能见度不足5公里……”等类似的描述不需要。

9. 重点不突出，过于平淡

信息亮点提炼工作做得不够，该表达的没表达出来，像流水账。

10. 选题过于宏观或微观

信息选题方面，存在过于宏观缺乏针对性，或是过于“小、窄、专”等问题。

例：

太宏观：“对装备建设加快机械化、信息化、智能化融合发展的启示及建议”

太小：“关于加快××产品3D打印技术发展的建议”

太专：“利用××技术加强××系统装备保障的启示与建议”

11. 其他问题

编报信息目的不明确，有的像是做广告；不能围绕中心工作报送信息；报送的信息内容过于单一，以文体活动、讲座培训、研讨交流会、好人好事、正常的工作布置会居多；等等。

（二）典型案例修改分析

例：“××项目顺利签约”
“××技术荣获中国专利金奖”
“××研制的××取得圆满成功”
“××关键技术研究取得重大进展”
“××生产线建成并投入使用”

问题：合同签署、产品交付、项目立项、开工和验收等较为平淡，未能与自主创新、领域首次、行业影响等重点选题方向相联系。

改：“我国××首次实现出口”
“××单位××技术取得重大突破并获中国专利金奖”
“××型号材料国产化替代取得重大突破”
“××关键技术研究取得重大突破 相关特性数据填补领域空白”
“××单位建成××生产线成功突破手工××难题”

例：

××中标××研制项目

近日，××单位以第一名的成绩中标××项目，实现××领域市场首次突破，为开拓国家重大工程任务打下坚实基础。后续××将加快行业应用推广，抢占市场份额，抢占××领域先锋地位。

问题：未能进一步深入，亮点不够突出。

改：

××单位中标××项目

近日，××单位以第一名的成绩中标××项目。该项目将重点聚焦××等领域多项关键技术攻关，未来能够实现数据传输、互联网接入等信息交互功能，可广泛应用于航空、航海、能源、应急通信、地面交通等行业，对于开拓××任务具有重要意义。

例：

××单位××同志荣获第××届中国青年科技奖

××年××月××日，在人民大会堂举行的第××届中国青年科技奖颁奖会上，××单位××同志荣获第××届中国青年科技奖。奖项背景介绍略。

问题：没有写出所获奖项的地位，对于获奖单位的重要意义。

改：

××单位××同志荣获第××届中国青年科技奖

××年××月××日，在人民大会堂举行的第××届中国青年科技奖颁奖会上，××单位××同志荣获第××届中国青年科技奖，这是××单位职工时隔12年后第三次获得此项荣誉。该奖项每两年评选一次，每届获奖人数不超过100名，设立至今已有1297位青年科技工作者和1个集体获奖。本届共有99人获奖。

例：

关于运用惯性技术建设山体滑坡自然灾害监测与预警系统的方案建议

一、建设监测与预警系统的必要性

二、国内外相关技术及产业发展现状

三、现有工作基础

四、监测与预警系统组建方案

五、监测与预警系统应用模式

六、政策建议

问题：综合类信息不同于课题研究报告。课题研究报告是反映一项研究结果并将其公之于世的书面材料。一般由标题、前言、方法和过程、结果、讨论、附件等组成。课题研究成果的核心内容，可以通过综合类信息反映出来。

改：

关于运用惯性技术提高应对山体滑坡等地质灾害监测与预警能力的建议

一、我国山体滑坡等地质灾害监测与预警现状分析

1. 地质灾害点多面广，造成巨大损失。

2. 防治地质灾害成效显著，但防治水平层次尚低。

3. 地质灾害防治形势对监测、预警和防治提出新要求。

二、关于利用惯性技术提高应对山体滑坡等地质灾害监测与预警能力的建议

1. 充分依靠现代高科技手段提高应对地质灾害的监测、预警和防治能力。

2. 注重运用惯性技术提高应对地质灾害监测和预警工作质量。

3. 进一步规范地质灾害监测与预警市场。

例：

加速推进矿山无人运输建设
保障矿山本质安全的建议

一、矿山无人运输发展问题分析

（一）国外矿山无人运输发展现状。

（二）国内矿山无人运输发展现状。

二、矿山无人运输系统发展建议

问题：堆砌素材，简单罗列，分析不足。

改：

一、矿山无人运输发展问题分析

（一）国外矿山无人运输已进入智能化阶段，商业应用已步入规模化

阶段。

在技术研发方面，……

在商业应用方面，……

（二）国内矿山无人运输目前实现部分自动化，商业应用处于试点阶段。

二、矿山无人运输系统发展建议

例：

太赫兹超灵敏探测技术进展及应用分析

太赫兹波段占有大爆炸留下的宇宙微波背景（CMB）辐射以及之后的宇宙空间辐射中近一半的光子能量，该波段在天文学研究中具有不可替代的作用。但长期以来，灵敏度、带宽、响应时间以及探测器阵列规模等问题限制了太赫兹探测技术的大规模应用。20 世纪末，天体物理学、宇宙学、大气物理学等基础科学研究的发展极大推动了太赫兹频段的高灵敏度探测技术发展，特别是基于低温超导技术的探测器，已成为该频段灵敏度最高的探测器。在宇宙学和天体物理研究领域的应用导致一系列重大的科学突破，如，2019 年人类拍摄的第一张距地球 5350 万光年的黑洞照片，首次探测到 3000 光年外的“宇宙最早化学键”氦合氢离子（HeH^+）等。太赫兹超灵敏探测技术正在太赫兹探测设备中发挥越来越重要的作用，且后者正在向更高频率、更高灵敏度和更大规模阵列方向发展。太赫兹超灵敏探测器分成相干、非相干探测器两大类。

（一）太赫兹超导相干探测器。

超导隧道结（SIS）探测器是基于准粒子隧穿效应的量子探测器，主要工作在太赫兹的低频段（0.1～1.4 THz），由于能量损耗，其性能在能隙频率以上急剧恶化。荷兰空间研究所、美国喷气推进实验室和加州理工学院的 SIS 探测器都在 1THz 附近取得较理想的探测效果。中国紫金山天文台、日本国家信息与通信研究院和日本国家天文台为阿塔卡玛大型毫米波阵列（ALMA）计划第十波段（787～950 GHz）研制的全氮化铌（NbN）波导型 SIS 探测器的等效噪声功率（NEP）约为 10^{-16} W/$\sqrt{\text{Hz}}$（≈-130 dBm），这种灵敏度能探测到宇宙背景的太赫兹光子。超导热电子（HEB）探测器由超导微桥和射频耦合电路构成。随着对超导热电子混频机制的深入理解、制备工艺的逐渐成熟和测试系统的不断改进，德国科隆大学研制的超导热电子探测器的等效噪声功率已超过 10^{-15} W/$\sqrt{\text{Hz}}$，成为 1.5THz 以上灵敏度最高的相干探测器，并被成功应用于德国地面探路者实验（APEX）、美德两国的同温层红外天文台（SOFIA）和欧洲赫歇尔（Hershel）空间卫星上。由于中国在低噪声放大器方面不具优势，紫金山天文台正致力于将超导热电子探测器和低噪声放大器在芯片层面集成，以减小接收机体积并且提高可靠性，通过多波束探测方式提高灵敏度。

（二）太赫兹超导非相干探测器。

超导相变边沿（TES）探测器包含一层超导薄膜，结合极低噪声的超导量子干涉仪构成的读出设备，可实现背景极限探测。随着太赫兹天文学的发展，更大规模、多频段、双极化的超导 TES 探测器成为一种发展趋势。如今由 TES 组成的高达一万像元的太赫兹通用相机（SCUBA-2）已安装在美国麦克斯韦望远镜（JCMT）上，开展巡天观测。美国国家标准技术所（NIST）和加州大学伯克利分校针对“偏振敏感的宇宙学望远镜（ACTPol）项目”分别提出器件方案。荷兰空间研究所为空间红外卫星计划（SPICA）研制的极低热导 TES 探测器，等效噪声功率达到 10^{-19} W/$\sqrt{\text{Hz}}$。中国为南极太赫兹望远镜研制的 TES 探测器，等效噪声功率约为 10^{-17} W/$\sqrt{\text{Hz}}$，已达到地面天文观测的背景极限灵敏度要求。太赫兹超导动态电感（MKIDs）探测器是一个由超导薄膜平面电感和平面电容组成的谐振腔，等效噪声功率已达 10^{-18} W/$\sqrt{\text{Hz}}$，采用更为简单的低温放大、寻址电路读出复用技术，使其可实现 1k 以上像元大规模阵列。新的美国十年天文规划（Astro2010）推荐项目——太赫兹天文计划（CCAT）将采用超导 MKIDs 探测器。中国紫金山天文台通过国际合作研究，已成功研制 1024 像元超导 MKIDs 探测器芯片。

太赫兹相干探测器能够同时探测信号的幅度和相位信息，因此可用于雷达成像、通信等应用。其中超导SIS探测器主要工作在太赫兹低频段，对于1.5 THz以上的应用，可以选择超导热电子探测器。太赫兹非相干探测器则只能探测信号的幅度信息，因此更适用于辐射成像、安检成像等应用。其中超导MKIDs探测器由于易于集成，已成为宽带连续谱探测成像系统的首选，而超导TES探测器具有迄今最高的灵敏度，更适合微弱太赫兹信号的探测成像。

问题：过于专业，非专业人士难以快速理解和把握要点。

改：

长期以来，灵敏度、带宽、响应时间以及探测器阵列规模等问题限制了太赫兹探测技术的大规模应用。近年来，天体物理学、宇宙学、大气物理学等基础科学研究极大推动了太赫兹频段的超灵敏度探测技术发展，实现了一系列重大的科学突破。比如，2019年人类拍摄了第一张距地球5350万光年的黑洞照片。

当前，太赫兹探测设备正在向更高频率、更高灵敏度和更大规模阵列方向发展。比如，中国紫金山天文台、日本国家信息与通信研究院和日本国家天文台为阿塔卡玛大型毫米波阵列（ALMA）计划研制的太赫兹超导隧道结（SIS）探测器的等效噪声功率（NEP）约为-130 dBm，这种灵敏度相比传统探测方式提高了5个量级，能够在地球大气中探测到宇宙背景的太赫兹光子。德国科隆大学研制的超导热电子探测器的等效噪声功率已超过-120 dBm，成为1.5太赫兹以上灵敏度最高的相干探测器，并被成功应用于德国地面探路者实验（APEX）、美德两国的同温层红外天文台（SOFIA）和欧洲赫歇尔（Hershel）空间卫星上。太赫兹超导相变边沿（TES）探测器结合极低噪声的超导量子干涉仪，等效噪声功率最低达到-160 dBm，可实现背景极限探测。

第四篇　写作进阶
——浅谈锻造“笔杆子”

政务信息工作是办公室工作的一部分，作为政务信息工作人员，写作能力是我们安身立命的“看家本领”，但我们不应仅限于写好政务信息，要全面提升写作能力，锻造“笔杆子”，以便更好地开展工作。在此结合笔者工作实际，简单介绍写作的工作经验。

一、如何理解“笔杆子”

一句话概括：战略战术必不可少。

（一）“笔杆子”是干部的战术素质

《左传》：言而无文，行之不远。

毛泽东：革命要靠枪杆子，也要靠笔杆子。把枪杆子和笔杆子结合起来，有文有武，文武结合，革命的事业就能胜利。

邓小平：实现领导最广泛的方法是用笔杆子。

习近平：不断增强脚力、眼力、脑力、笔力，努力打造一支政治过硬、本领高强、求实创新、能打胜仗的宣传思想工作队伍。

1. “笔杆子”是履职尽责的基本功

写作，特别是公文写作是每一位从事管理工作的人员更好履行岗位职责、提高自身写作水平的重要途径。邓小平同志曾说：“不懂得用笔杆子，这个领导本身就是很有缺陷的。”对于企业管理人员来说，手中的笔杆是干事创业必须掌控的力量。

2. “笔杆子”是提高能力的好方法

写作不是单纯的文字技巧，更不是所谓的“假大空”，而是包含思维、认知、表达、组织、实践等综合能力的体现。写作的过程是了解上情、熟悉下情，抓好结合融合的过程，是站在全局思考问题、分析问题、解决问题的过程，是边工作边学习、边学习边提高的过程。

可以说，写作既是思维学科，通过谋篇布局地思考，提高缜密思维能力；也是实践学科，通过工作调研、资料收集、形成文字，提高实际动手能力。

3. “笔杆子”是成长进步的敲门砖

写作能力是干部综合素质的重要组成部分，又是综合素质得以充分展示和发挥作用的工具和桥梁。能写材料的属于稀缺人才。分析一些干部的成长历程，那些既精通业务又有较强文字能力的同志，往往潜力更大、机会更多，发展的路子更宽一些，走得会更远一些。

一个人工作积累的厚度决定了其成长进步的高度，不断提高写作水平，不断增强能力素质，才会抓住机遇、更好成长。脱颖而出的九大支柱如下：

让领导喜欢你	让众人支持你	让谋略展现你
让笔杆支撑你	让办事证明你	让舌头帮助你
让创新成就你	让习惯保佑你	让高尚伴随你

（二）“笔杆子”要树立战略写手的目标

1. 战略写手的内涵

战略写手要善于“观大势、谋大局、抓大事”，做到“多能一专”，能够适应新形势，能力强、素质高、行动快，能打胜仗。

战略写手是单位智囊库的重要组成部分，是思想源的核心支撑，是各类重要文稿起草的主要承担者。其水平高低，某种程度上反映出一个单位的实力强弱，其智库作用发挥大小，一定意义上影响本单位全局性、方向性、战略性的决策走向。

2. 战略写手和写手的区别

（1）在服务对象上

写手的服务对象往往是写手本人，以自己满意为目标；战略写手的服务对象往往是单位领导，以领导满意为目标，所以难度大。

（2）在材料要求上

写手所写材料有相当大的自由度和随意性，个人发挥空间很大；而战略写手所写材料往往有很大的制约性，必须充分体现领导的意图，有战略高度并且把握全局，不光是写自己的思想，更要写别人的思想。

（3）在能力素质上

战略写手除了具备写手的基本能力和素质外，还要有很强的理论修养、战略眼光和创新思维。因此可以说，做写手难，做战略写手更难。

事实证明，具备了战略写手的素质，掌握了公文写作的规律，增强了驾驭文字的能力，就拥有了写好文章的独门利器，不光是写文章的心态发生重大变化，工作效率也会大为提高，一个本来一天就能干好的事，不再拖到两天、三天，甚至一周、半月，从而极大提高工作效率、管理效率。

（三）“笔杆子”的“四种境界”

痛并郁闷着、痛并快乐着、累并快乐着、忙并快乐着，这是一个从不会不熟不精，到会写能写善写的过程，达到最高境界，就不会为写作而烦恼。

1. 痛并郁闷着，是写作的初始阶段

因个人能力、经历、学识等因素，许多人开始从事写作时，总把写作当作负担，一接到材料写作任务，不知如何下手，愁眉苦脸、紧张失眠、苦痛不堪，越是紧张，就越是一筹莫展，大脑空白、思路全无，完全陷入“走投无路”的境地。身心疲惫的情况下，硬性去写作，写出的材料很难令人满意。

2. 痛并快乐着，是写作的成长阶段

经过前一个阶段的磨难，基本度过恐惧期，但接到写作任务后，还不能做到一帆风顺、得心应手，要经过苦思冥想，经历较长时间的痛苦过程，付出比他人更多的艰辛劳动，反复修改，也可能要推倒重来，最终才能够拿出可用的材料。当领导台上念完稿子台下给予好评，或送到上级单位得到肯定时，会获得一定的成就感、快乐感。

3. 累并快乐着，是写作的成熟阶段

写手已具有较强的能力，有了较多知识储备，掌握了写作基本规律，能够承担重要材料，好比一个一流的棋手。从搜集素材到完成写作，基本都在自我掌控之中，稿件完成的质量比较高，不再需要过多折腾，写作效率大大提高。面对源源不断的写作任务，虽然感觉很累，但是每次都能较好地完成。过程很劳累，结果很快乐，乐在写作中。

4. 忙并快乐着，是写作的最高境界

写手有很强的文字驾驭能力，很好的全局掌控能力，能够准确把握文章的基调，充分理解领导的意图。这时的写手，就好比一个超一流的棋手，写作起来游刃有余、触类旁通、旁征博引，文思如泉涌，下笔如有神，一气呵成，从文字组织、语言表达、思想观点到文章结构，无不能高质量、高标准达到要求。虽然承担的写作任务越来越多，每天忙得不可开交，但是写材料已是手到擒来、胸有成竹，不再是为难事、烦恼事，而是一件能体现个人价值和展示才华的快乐事，虽然很忙碌，但是很超然、很享受。

从初始阶段到最高境界，不是一蹴而就的，但还是可以缩短这个时间的。只需不断提升自己、潜心修炼、加强学习、掌握规律，人人都可以提高，人人都可以成为战略写手。

新手怕老手，老手怕高手，高手怕写手，写手怕失手。

二、如何成为“笔杆子”

如饥似渴学习，一刻不停提高。“笔杆子”做起来难，其实很简单，有窍门。形神兼备，以神为纲，用心、用情、用力。要把善于写材料、善于写高水平的材料作为一种标准、一种素养，督促自己养成一种良好的习惯，多看、多学、多练，不断积累和磨炼，每天进步一点点，让认知在快速迭代中不断升级，积跬步，至千里，功到自然成。

（一）做个有心人，用心写文章

怎样用心？如何用心？关键是学思践悟，知标本者，万举万当。

学、思：学而不思则罔，思而不学则殆（孔子）。

践：致良知，知行合一（王阳明）。

悟：认识—实践，再认识—再实践，抓住主要矛盾或矛盾的主要方面，达到天人合一的境界。

戒除“过去怎么干，现在依旧怎么干”的惯性思维。

戒除“为了完成而完成”的惰性思维。

把眼、耳、鼻、腿、脑、手等充分利用起来。

1. 眼睛要亮

好的文章要想能够引起大家的共鸣，无论是领导讲话还是信息宣传材料，都必须要抓住听众和读者的关注点。因此，写文章之前一定要擦亮眼睛，注意观察，看看最近有哪些重点工作，看看社会上有哪些热点事件，及时捕捉敏感点，事前把功课做足，这样写出的文章才有生命力、才有价值。

2. 耳朵要尖

个人的眼光和思维都是有局限性的，只靠一个人的视野和眼光去捕捉兴奋点是不够的，还必须善于倾听，听听别人在议论什么、在关注什么，从中给自己以启发，集采大家之所长，炼就个人之观点，从而达到事半功倍的效果。

3. 鼻子要灵

要培养职业敏感性，能够从一些政策、事件中闻出新情况、新变化，先人一步、快人一步，善于透过现象看本质，挖掘出容易引起大家重视和关注的焦点问题。只有如此，才能抢得先机，赢得主动。

4. 腿脚要勤

读万卷书，行万里路，阅人无数，先人指路，个人顿悟。作为“笔杆子”，必须占有大量的基础材料。基础材料从哪里来，除了书上的、网络上的素材以外，更重要的是要靠自己去体悟、去挖掘。要多深入基层、多调查研究、多了解实际情况，在一线总结经验、在一线发现问题，只有如此，写出的作品才有针对性，才不会脱离实际。

5. 脑袋要活

不论通过什么方式占有的素材，最后都要到大脑里加工整理，这也是写文章最关键的一道程序。在对各种素材加工整理的过程中，一定要善于整合、善于创新，去粗存精、去伪存真（尤其要敢于舍弃），并能够从中找出与众不同的新观点、新视角，使自己写出的文章有新意、有内容、有高度，让人耳目一新。

6. 笔头要巧

“笔杆子”区别于一般人的特点，那就是写文章又好又快，对文章的火候把握得到位，既要保证质量，又要提高效率。在质量方面，立意观点要反复揣摩，遣词造句要经得起推敲；在效率方面，必须要在规定时间之前完成任务，或在某个效应期内出手。

（二）做个牢记初心使命人，用情琢磨文章

研究事、研究人、研究体、研究景，研究上情、下情、内情、外情。

文稿起草的价值在于研究、解决问题，其本质是将提出问题、分析问题、解决问题的过程用文字的形式呈现出来。具体到某一文稿任务，就是在深度研究工作、研究人的基础上，根据具体场合、背景，运用恰当的体例、方式，通过文字形式予以呈现。要写出好材料，离不开四个深度研究。

1. 深度研究事——把事搞透是写好材料的基本前提

写材料，重在研究事。材料拟写的深度、广度、温度，最终取决于对事的研究程度。从这个角度讲，与其说是“写”材料，不如说是“谋”工作。

只要能把工作搞透、兜全，即便写不出流畅圆润的好材料，也能提供翔实的一手素材，成为一域一地的业务通。这样的业务通，只要稍加注重理论的学习和不同体例文稿的研究，很快就能成为一域一地的“笔杆子”。

如何短时间熟悉陌生领域的业务呢？

那就要迅速从上情、下情、内情、外情四个维度全面梳理工作的内涵和外延，大集成地动态梳理相关工作的历史沿革、发展现状、理论前沿、形势问题、对策思路，确保材料始终站位高、视角广、思路新、措施实。

写专项活动部署稿，就需要迅速梳理各级有关文件、讲话，做好理论储备；写总结稿，就需要把来龙去脉厘清楚，尤其是把做法成果兜全、厘清、提炼好。

一个成熟的笔杆子，不应让自己被动，而应把功夫下在平时。只有平时多研究业务，关键时才能从容执笔，快速写出好文章。

2. 深度研究人——把人搞透是“写得好”的关键所在

要研究代谁写材料（讲者）、谁会听材料（听者），在呈现共性特点的同时，也要注意体现个性化差异。站在“讲者”角度，体现其站位、其思维、其关切。站在“受众”角度，说其能听得懂、习惯听的话。

工作中常见到，一些写手的文字基本功和业务能力都非常强，对总结、方案、政务信息等公文可谓驾轻就熟，在单位里也算是小有名气的笔杆子，但一遇到稍有个性和难度的讲话稿、党课稿、理论中心组发言、生活会发言、致辞，就写得有些不尽如人意，难入领导眼了。

原因何在？

就在于只停留在研究事的层次，而没有花更多精力去研究人。那么，如何研究人呢？搞综合的同志，平时要多花些工夫，深度研究领导的共性思维特点和个性特点，锤炼领导共性思维，洞察领导日常关切，体验领导应有视野，对标做好储备工作。

写稿时，要带着强烈的角色意识。总体上看，领导讲话等材料通常是 8 分共性、2 分个性，即：80%是通用的，与之相应，我们可花 80%的时间、精力研究广义上的技法；20%是个性化的，与之相应，我们要花 20%的时间、精力研究领导本人特点。

研究广义技法，可以动态跟进并研习不同层级领导同志的讲话，这对于锤炼领导共性思维、开拓公文写作视野、研究有关业务工作、增强公文写作语感、做好平时资料储备大有裨益。

研究自己单位领导特点，主要是多收集领导以前的讲话等综合材料，多从领导的讲话、谈话中悟，多从领导参与的政务、事务活动中悟，多从领导阅读的书报、关注的信息中悟，多从领导批示、交办的事项中悟，研究其文风特点，研究其业务关注点，对标储备努力即可。

综合是相对的，不是绝对的。我们在单位里可能是综合人员，但在上级单位眼里，就是业务人员了。接到为上级拟写专题业务类材料的任务，需要我们跳出自身业务，去深入研究上级领导的特点。

能不能写好这样的稿子，关键不在于自己是否足够专业（肯定比上级领导的文秘人员要专业），而在于对上级领导的站位、思维等体验是否准确把握。要搞懂他们的关注点，甚至要从中找到提纲的具体切入点。

3. 深度研究体——写材料要善于研究“体”

要想“写得像”“写得是”“写得好”，最基本的还是搞清体例。在网络发达的当下，研究体例不是一件难事。平时可根据自身工作特点，利用网络多去搜索，掌握好公文、政务信息、总结稿、汇报稿等常用文稿的体例。

即便是同一类型稿子，在不同场合，根据不同需要，也会有不同的写法。这就需要我们多去主动挖掘、积累，多去学习同一个稿子的多种写法。

只有平时多去琢磨不同的体例、形式，才能在关键时刻随心所欲。不拘于形式，不受所谓体例、形式的限制，真正做到内容大于形式。

另外，有时我们也会接到不常写的文种，这就需要现学现卖，利用好网络搜索功能，赶紧找几篇经典范例，琢磨其基本体例，快速进入状态。

4. **深度研究景——写材料要主动研究具体场景、背景**

同样的事项，面临不同的背景、不同的发展阶段、不同的具体要求，拟写起来有很大不同。这就需要多见世面，多些人情味，多些烟火气。要有画面意识，多些走心的“现挂”。要有发展眼光，体现出阶段性的现状和思考。

具体而言，就是要弄清具体背景、具体要求，把通知弄来，打电话详细询问组织者，问清议程、时长、主题等有关情况，在文稿中集中体现。

这需要我们在日常积累中多品味同一主题下的不同文稿，具体体会在表达方式方法上有哪些共性规律可供遵循，又有哪些个性化特色值得借鉴，以提升文稿的针对性和实效性。

培养深度感知景、深度研究景能力的小技巧：研读高质量的通讯稿、致辞稿。这类稿件通常融入具体场景，主动进行互动，多加研读是储备这方面技法的捷径。

依靠现在发达的网络技术，平时做好四个深度研究，多搜集材料，多琢磨共性方法技巧，并运用到自身写作、工作实践中，进而大集成地建构起自己的认知、写作体系和工作的原则，不断锤炼能时刻担当大任的能力，关键时刻能写出既高大上，又接地气，还有鲜明特点的材料。

（三）做个沉得下心的人，用力实践作文

内在驱动力，舍得花精力。

能否写好材料，与天赋无关、与专业无关、与能力无关。只要你葆有渴望成功、追求卓越、愿意吃苦、坚持不懈的内在驱动力，舍得花时间学习、花精力琢磨，一定能炼就“笔杆子”！

1. 深入学习公文写作知识，迅速提高自己的写作基本能力

在职场上，写公文材料，并不是一件特别难的事情，只要通过努力学习，很快能够进入角色。因此，从事公文写作的人应该多学习一些公文写作基础知识。从而使自己的写作能力尽快提高起来，以便适应最基本的工作需要。

2. 从“照猫画虎”写起来，一点一滴学习写作方法

照猫画虎，是一个急用先学、立竿见影的方法，是学习公文写作材料最简单的起步方法。这种方法，只是一种捷径，是“现学现卖”的临时性方法，不是提高写作能力的长久之计，不要形成一种长期的依赖。那样，会影响你提高写作水平，影响你掌握各种最基本的知识。

3. 坚持多思考多锻炼，在丰富的实践中，不断提高自己的写作能力

迅速提高写作公文材料能力最主要的方法，就是“三多”——“多读、多想、多练”，这也是每一个撰写材料的人的共同经验。

多读，就是多看文件、多看书、多学习，特别是多学习写作基础知识，多向其他有经验的人学习。

多想，就是多考虑问题、多研究问题，多比较各种公文材料写作方法，特别是多思考、多研究经典公文的写作技巧。

多练，要不断总结写作经验，不断提高自己写作能力。只有在工作中多锻炼，才能够迅速提高自己的写作能力，使自己成为公文写作的行家里手。

4. 要注意勤积累写作素材，不断丰富自己的写作内容

任何单位的公文材料写作都离不开本单位的实际工作内容。而这些内容，主要是来自实际工作的各种资料，这些都是写作公文的基本素材。

在工作中，要注意积累这些素材，要通过各种渠道，将涉及本行业工

作的一些政策性文件、各级领导讲话、本行业的理论研究文章、实际工作涌现的先进典型，有效地积累起来。

最主要的，是要把本单位工作内容资料积累起来，包括工作计划、工作总结、工作报告，还有工作进展的各种数据，积累多了，写起材料来，有充分的素材准备，才不至于空话连篇、写不出实际内容。

三、文章不厌千回改

好文章是改出来的，会写也要会改，修改完善是打造精品力作的关键。

（一）改稿方法

鲁迅先生说："写完后至少看两遍，竭力将可有可无的字、句、段删去，毫不可惜。"

写文章重在表达思想、观点，任何人的思想和观点都是随着客观条件或主观因素的变化，而不断发展变化的，只有经过深思熟虑、反复推敲，文章表达出来的思想和观点才会独树一帜、匠心独运。

（二）修改的技术

一篇好文章的特点——思路清、方向明、观点亮、文采好。

思路清，文章条理清晰，结构明了，说事说理入木三分。

方向明，文章言之有物，针对性强，对于需要解决的问题具有较好的指导性。

观点亮，文章观点鲜明，直抒胸臆，让人一下子就能明白作者所要表达的意思。

文采好，文章语言精练流畅、文风清新、用词准确、不落俗套。

（三）修改的技巧

1. 常见病症

标题不明所以；文题不符、主题偏离；结构散乱，逻辑不通；内容缺乏提炼，重点不突出；简单罗列、堆砌，拖沓冗长。

2. 小药方

毛泽东在《实践论》中概括的“去粗取精、去伪存真、由此及彼、由表及里”。认真思考、提炼主题，精心策划、安排结构，仔细斟酌、推敲文字，从容耐心、惜字如金。不要污染读者的眼球和灵魂。

3. 小妙招

增：凡文中内容不够全面、充分，文字上有疏漏之处，都应加以增补。如增补观点、材料、文字、图表、标点等。

删：凡文中内容和文字表达上的赘余，应当一概删削。如删削观点、段落，删削材料、字句等，说不清楚的，删掉。

改：凡文中不够正确、严谨、恰当之处，应加以改动。大改，就是对文章进行一次性大手术，改换体裁，变动结构，推倒重写。中改，即增删材料，改动格局，增减一些内容文字。小改，仅就文章进行“小修小补”，一般集中锤炼字句、润饰语言、检查文面、修改病句、改换标点等。

四、实践出真知

（一）八个提炼方法

笔杆子八要——道、高、深、精、实、法、语、词。

1. 道——往“道”上进行提炼

易有三易：一曰连山、归藏、周易。一曰不易、变易、简易。文以载道。写材料要有“理”、有“道”，“道”是什么？“道”就是规律、永恒。写材料不只是写事实、写方法、写要求，而是要在深入调查研究的基础上，探寻规律、健全制度、完善机制、把管方向，写出能够长期管用的东西，这是我们追求的境界。有意义的道理、规律，一定是时势下的道理、规律，抓住了这个时势下的道理、规律，你就是能成才，亦会是时势下的英雄。

毛主席的《实践论》《矛盾论》《论持久战》《星星之火，可以燎原》等著作，就是时势英雄载道之文，也是这方面的名篇。

2. 高——往“高”处进行提炼

写材料要有高度，需要往高处“拔”，即便素材平实，也要进行拔高。因此“大笔杆”们都很注重学习上级的有关文件、会议、讲话精神，写材料时对照上面的要求写，写出来的材料才有思想高度。既要从上级要求中悟思想，又要从本地实际中出特色，这是很考验水平的。

1950 年 10 月 27 日，毛泽东约见民主人士周世钊、王季范，将“志愿军已经出国”的消息相告，解答民主人士的顾虑时毛泽东指出，“打得一拳开，免得百拳来。我们抗美援朝，就是保家卫国。”

“打得一拳开，免得百拳来”并不是一种标准的处事方法论，它是马哲实事求是思想的实践应用，毛主席当年的决策是结合国家现状做出的战略决策，这个指导思想放在今天依然适用，绝不是生搬硬套去跟敌人拼命。我们需要的不仅仅是“打得一拳开”的勇气和毅力，更要有“打得百拳开”的智慧和力量。

新时期，我们应该在现有的国际、国内规则（法律法规、政策、制度、程序）下，在法律赋予的法益下，考虑道德伦理，考虑人情世故（世事洞明皆学问，人情练达即文章）见招拆招、借力打力，不论是管理还是经营，打出属于自己的节奏，干事（想干事、能干事、干成事，不惹事、不出事、不怕事）。

3. 深——往“深”里进行提炼

写材料要有深度，不是就事论事，泛泛而谈。如何做到有深度？一种方法是多问几个“为什么”，就像剥洋葱一样层层深入，如，“为什么要开展学习教育”“为什么要强调学原文读原著”“为什么要把办实事作为落脚点”，把“为什么”回答好了，文章就自然深入进去了；另一种方法就是写具体，“一具体就深入”，不是总停留在宏观政策理论层面，写出具体的方法、措施、事例，材料就显得深入了。

4. 精——往“精”上进行提炼

写材料为什么要提炼？主要是让材料更精练、更集中、更突出。材料主题要精、素材要精、结构要精、语言要精，这样才有特色、有亮点、更鲜明。写材料最忌讳大而全，什么都想写，往往什么都写不好。集中一点，写深写透，写出精彩，写出亮色，材料自然就能成为精品。

5. 实——往“实”处进行提炼

写材料要接地气，要结合实际，落到实处。写材料如果不实，没有实际的东西，写出来的讲话材料就很空泛，干部群众不爱听；写出来的经验材料就缺乏支撑，显得不真实、不可信；写出来的心得体会缺少真情实感。注重结合思想实际、单位实际、地方实际，写出来的材料才充实丰满、生动具体、富有特色。

6. 概括法——用概括法进行提炼

总结、归纳、概括是常用的提炼方法，是从个别到一般的思维过程。通过概括提炼，把许多事物的共同点归并、收拢、集中，以达到突出重点、简明扼要、鲜明呈现的效果。要学习提炼的方法，就要加强概括归纳的逻辑思维训练。

7. 缩略语——用缩略语进行提炼

运用缩略语，是写材料常用的一种提炼技巧。特别是写经验材料、总结报告等，用好数词缩语，就能使材料更集中、更突出、更有亮色。但有些单位写材料时数词用得过多、过滥，经验不够就用数词来凑，不仅编造痕迹过重，材料也显得假大空，往往适得其反。

8. 关键词——用关键词进行提炼

抓住关键的字词，突出文章的主题，用发散的方式带出一篇材料，也是一个重要的提炼方法。运用关键词提炼，一种是从内容意思上概括，如，“组团式”帮扶、“一站式”服务等；另一种是从字面形式上概括，又如，把握一个“高”字、瞄准一个“新”字、坚持一个“实”字，等等。关键词提炼要准确、简明、新颖，突出内容要点和本质，防止生编硬造、以文害意。

（二）多调度现成的汇报、总结、讲话

注意积累资料。积累资料有两种途径：一种是从工作和生活中收集“第一手资料”；另一种是从文件和有关材料中获取“第二手资料”。广泛采集感性与理性资料、现实与历史资料、直接与间接资料、正面与反面资料。

附　录

公文行文写作要求简述

政务信息的处理与机关公文类同，在此对公文的写作做简单介绍。

一、公文知识概述

（一）公文的特点作用

公文写作是从事管理工作特别是机关工作的人员的一项必备技能。

首先，公文是单位依法管理和进行公务活动的重要工具。

既然是依法管理和进行公务活动的重要工具，作为机关工作人员，理应掌握并熟练使用这一工具。很多人到机关工作后，在实际工作中组织能力、沟通协调能力很强，但一提到写公文，不少人不知该如何下手，有一种无从下手的感觉或是畏惧心理；机关不少处室经常加班加点，主要也是写公文。这也说明写公文是一项苦差、累差。

有人曾经向鲁迅先生讨教写文章的问题，老先生的回答很幽默："做医生的有秘方，做厨子的有秘法，开点心铺子的有秘传，写文章却好像偏偏并无秘诀。"写好公文的方法和技巧，归结起来就是写你"所想""所做"，从这一意义上说公文不是"写"出来的。所谓写你"所想"，就是对一项工作的策划、规划、计划、拟采取的措施，等等，在权限之外不能自作主张（请示/批复）的，对某项工作的建议（意见、函）；所谓写你"所做"，就是对一项正在开展或已经完成的工作进行总结、归纳、提炼（决定、通报、报告、纪要、简报等），用最简洁、最朴素的文字表达出来，就是一篇合格的公文，但还不是一篇高水平的公文。

其次，在工作中不用这一工具是不行的。

企业招聘，一般均会要求应聘者具有较强的语言表达能力和文字能力，语言表达能力是对沟通、协调能力的要求；文字能力就是公文写作的能力。管理工作特别是机关管理工作，归结起来主要是办事、办会、办文。办事

（工作策划、规划、计划、工作布置等；工作调研——调研报告；洽商工作——函）和办会（会议报告/材料、会议纪要等）最终也要落到办文上。因此，从事机关管理工作的人员，不仅需要具备较强的组织能力、沟通协调能力，还应该具有较强的公文写作能力。

（二）公文的种类分类

中共中央办公厅和国务院办公厅联合印发的《党政机关公文处理工作条例》（中办发〔2012〕14号）规定了15种党政机关的主要公文，包括决议、决定、命令（令）、公报、公告、通告、意见、通知、通报、报告、请示、批复、议案、函、纪要等。

企事业单位常用公文种类有：决定、通知、通报、报告、请示、批复、函、意见、纪要等。

二、公文的行文规范要求

关于公文处理（公文拟制、办理、管理、归档等全寿命周期管理）的规范要求，参照《党政机关公文处理工作条例》。在实际工作中可以根据不同工作事项选用相应文种，较常用的是：请示、批复、报告、通知、纪要等。

在实际管理工作和公务活动中，还形成大量的文书，都可以变换成公文的基本文种进行印发。此外，还有单位工作中产生的各种简报等信息类的红头文件，如：工作简报；还有“非正式公文”，指单位内部各业务部门之间商洽工作、询问和答复问题，以及各业务部门向单位领导请示重要事项等过程中形成的重要文书和资料，如：“重要事项报批”。领导讲话稿、调研报告、某专项方案等，可以通知的形式印发。

三、公文的写作要点

（一）公文结构的安排

“磨刀不误砍柴工”，要先想清楚：写什么、怎么写，谋篇布局，主要观点、基本材料，不能跟着感觉走。

1. 明确主旨

主题与目的、中心内容、文种、发送范围、发文的具体要求。

2. 收集资料

围绕主题搜集材料，进行一定的调查研究。

例如草拟本单位、本部门年度工作计划，需研究上年的工作计划及工作总结，研究今年所面临的形势和中心任务，以及上级机关的要求等。

3. 谋篇布局

草拟提纲——内容要点，做到胸有成竹。

提纲可详可略；篇幅较长、较重要的公文，一般需拟出较为详细的提纲。即共分几个部分，每一个部分又可分几个问题，每个部分及问题的题目和要点，使用什么具体材料。

例：

年度工作报告提纲

上年度工作总结

本年度工作面临的形势

本年度工作安排及措施

此提纲的问题在于过于简单，等于没有提纲。

例：

×××在×××年×××动员会上的讲话提纲

一、过渡段

用结论性语言充分肯定上半年科研生产工作取得的突出成绩，点出几个亮点工作即可，不展开论述。

二、完成全年任务的形势分析

1. 对照年度目标分析差距（责任令、考核计划等），可换一个视角描述，可与主管领导的报告有所区别。

2. 分析完成年度任务面临的内外部形势——任务量、难度、风险等；后续压力——领域拓展、新任务争取、外部要求（“两个工程”、基于实际绩效的激励机制等）；基础管理有效性亟待提升……

三、后续工作要求

1. 强调全面完成后续工作的意义，明确加强组织领导与责任落实；

2. 突出重点，强调要确保哪几项任务完成；

3. 针对存在的问题或困难，需采取哪些措施；

4. ……

4. 拟写正文

开宗明义、紧扣主题：

（1）要观点鲜明、用材得当，用观点来统帅材料，使材料来为观点服务，做到材料与观点统一。只讲观点没有实际材料，会导致抽象空洞、不易信服。

观点：××院经济保持持续快速发展。

支撑材料：一组经济数据。

（2）要归纳、提炼，不能是“流水账”。缺少归纳、提炼，读起来、听起来均不给力。

（3）通俗易懂：除了专业技术类的公文，一般应将一些专业术语转换为通俗易懂的文字（如信息化等）。

（4）用语简练、准确，忌模棱两可、词不达意、似是而非。

（二）典型公文写作要求

1. 决定

决定是机关、团体和企事业单位就重要事项或重大行动做出决策、安排和具体处置时使用的文种。

决定有多种多样，有方针政策性的决定，用于宣布重大政策规定；有指示部署性的决定，用于工作部署、安排；有组织人事性的决定，用于机构调整、人事任免奖惩；也有法规性的决定，用于行为规范，等等。

决定的使用范围广泛，可用于处理重大全局性的问题，也可用于处理重要的具体问题。决定带有法规性，具有约束力，要求有关人员必须遵照执行。

决定一般由决定的因由，决定的内容和围绕决定的事项提出的意见、要求三个部分组成。

决定的因由可以写提出决定时面临的形势、任务，也可以写做出决定的根据、原因、目的，包括因为存在什么问题，所以做出这样的决定。这部分可以详叙，也可以概括，有的只用一两句作为引子。

决定的内容是决定的主体，要明确决定的事项，各种决定是有不同要求的。

政策性决定，应有理论阐述。

部署性决定，用语要简练，写明决定的机构或会议名称、决定的时间及决定的内容与根据，突出权威性。

组织人事性决定，要求根据清楚、文字准确。如表彰性决定，必须写明受表彰的单位、个人及其先进事迹和贡献，以及表彰的方式（包括授予称号、奖励等）。处分性决定，必须写明违纪人员的简历、主要错误事实、本人认识、错误定性和处理意见。

撰写决定要注意的几个方面：

（1）要有针对性。做决定的根据和必要性必须讲充分，提出的号召和要求必须切合实际，要经过调查研究和分析解剖，正确认识事物的本质，恰当解决实际问题。

（2）要有理论性。要注意理论、政策的阐述，把经验教训说清楚。透过决定的事项，受到启发和教育，提高执行决定的自觉性。这是衡量一个决定写得成功与否的一个重要标志。

（3）要有确定性。决定事项必须十分明确，不能模棱两可或容易让人产生歧义、误解。对人对事的评价中肯，实事求是，不可空泛笼统。

（4）要注意连续性。撰写决定要瞻前顾后，注意历史的衔接，不能有不一致或自相矛盾的地方。

（5）要注意详略得当，文字简洁。

2. **通知**

通知是一种指导性、部署性和告知性的公文，适用于转发上级单位和不相隶属单位的公文，批转下级单位的公文；发布规章；传达要求下级单位办理和需要有关单位周知或执行的事项；任免和聘任、解聘人员等。

制发通知，就是要让被通知的对象了解需要知道的事项，明了行动的准则和具体办法，或者沟通有关部门之间的联系。

通知根据不同的内容和性质，可以分为批示性通知、指示性通知、知照性通知和任免性通知等。每种通知都有各自的用途和写法。

（1）批示性通知。主要用于批转下级机关的公文，或者转发上级机关、同级机关和不相隶属机关的公文，或发布某种行政法规。

撰写批转通知，首先要对批转的公文表明态度，如同意、原则同意等，然后，提出希望和要求，如借鉴、参照或遵照执行等，这样这份被批转的公文也具有了权威性。

撰写转发通知，要写清贯彻转发公文的基本要求，是参考、参照执行还是贯彻执行。为了更好地组织贯彻落实，要结合本单位、本系统的实际情况，提出贯彻时应注意的问题。

撰写发布法规的通知，要写清这个法规的出处以及如何贯彻执行。

（2）指示性通知。主要用于上级机关对下级机关有所指示、部署某项或某一阶段工作，而内容又不适于用批示或决定的形式。

（3）周知性通知。上级机关要求下级机关办理或知晓某些事项。一般先写通知的事由或依据，然后说明什么事情、如何办理；也有直接告知某事如何办理而不写事由或依据。

（4）任免性通知。主要用于任免下级机关领导人或上级机关的任免事项需要下级机关知道的。这类通知一般都用“命令”下达。在写法上要说明什么机关、任免什么人的什么职务。

在撰写通知时，除了注意各自的着重点外，还要注意两点：一是除任免通知外，一般都对收文机关提出明确无误，切实可行的具体要求，便于执行，便于检查。二是通知是一种应用十分广泛的文种，除了批复外，几乎所有的下行文都可以用“通知”下发。这就要注意不要滥发，尤其是驻地十分集中的机关，能用电话解决的问题不要再发书面通知，如一些会议通知、大院停电停水的通知，等等。

3. 报告

报告是陈述性文件，主要用于向上级机关汇报工作、反映情况、提出意见或建议、答复上级机关的询问。

报告种类很多：有专题报告和综合报告；有工作报告和情况报告；有呈报性报告和呈转性报告；有上复性报告和知照性报告；有临时的、紧急的、定期的报告。

报告在工作中有重要的作用，是让上级机关了解下情的一个重要途径。下级机关的工作进度、情况和问题用报告的形式反映给上级，以便上级机关掌握全局的动态，并作为制定政策和指导、安排工作的依据。

报告在撰写时，一般先说明报告的依据和目的，然后通常分为情况、经验或成绩、问题和今后安排、建议等，也可以按时间先后分段叙述。篇幅按目的和要求考虑详略。结束一般用“特此报告”“以上报告请审阅”，等等。

撰写报告应注意的问题：

（1）情况真实、新颖。一是一，二是二，绝不文过饰非，弄虚作假，捏造事实，以致造成判断失误；也不能敷衍塞责、潦草从事，空话套话一大堆，与实际不沾边，纯粹是例行公事。

（2）主题鲜明，重点突出。切不可堆砌材料，罗列现象，摆豆腐账。要分析准确，观点明确，成果估价、经验教训和措施办法得当。既突出重点，又点面结合。

（3）详略适度，言简意赅。情节、成果宜详，经验体会要精练，切不可冗长。

4. 通报

通报是表彰先进，批评错误，传达重要精神和情况时所使用的文种。

表彰性通报起到宣传先进事迹、先进思想，推广先进经验，指导工作，激励群众的作用。批评性通报的作用，乃是揭露、批评行为，从中吸取教训，避免类似错误的发生。情况性通报，可以传达全局的重要情况、动向，达到沟通思想、团结同志、明确方向、促进工作的目的。

通报一般包括叙事、分析事例和表明态度三个部分。

叙事。要说明起因、发展及其结果。说清何时何地何人及主要情节，后果和影响。

分析事例。分析事例的教育意义：表彰性通报，分析主要经验，提出学习的具体要求；批评性通报，分析产生错误的主客观原因及主要教训，提出防止和杜绝类似错误的主要措施。

表明态度。制发机关要表明态度、提出意见和要求。有的还把对当事人给予何种奖励或何种处分，写入通报。

撰写通报应注意的问题：

（1）选准典型，起到正确的导向作用，教育群众，推动工作。

（2）搞准事实，反复核实，用语要恰到好处。

（3）提倡什么，反对什么，旗帜鲜明，是非清楚，一目了然。篇幅简短，文字朴实。不要词不达意，含糊其词。

5. 请示

请示是下级机关向上级机关请示指示或批准事项的文件。

请示一般包括三项内容：一是请示的缘由，写明请示的原因；二是请示的内容，写明请示的问题、事项和请求批准的意见；三是请示的结尾，常用“以上意见当否，批示”“当否，请示”等语句。

请示要一事一文，切忌庞杂。文字要简洁，切勿啰唆。重点要突出，理由要充足。要言之有据，言之有理，言之可行。请示只有一个主送机关，需要同时送其他机关，应当用抄送形式，但不得抄送下属机关。

6. 批复

批复用于答复下级机关请示事项。

有请示才有批复，没有请示，也就无所谓批复。批复具有指示、决定的性质，具有权威性和严肃性。批复只答复下级机关的请示事项，因而内容也有具体明显的单一性。

批复一般一次只复下级机关的一个请示。有时，也把几个下级机关对同一类问题的请示在一个文件中一并予以答复，但请示单位都应列入主送机关。根据需要也可抄送其他机关。

批复应包括两层意思，一是接到了什么请示，要写明来文时间、文号，必要时引述来文要点；二是表示经过研究后予以答复的意见。是全部同意，还是部分同意，同意哪些、不同意哪些，要明确具体、态度明朗。文字要简洁，字斟句酌，措词严密，用语准确，严谨周全，直陈其事，不加议论，避免产生歧义疏漏，贻误工作。结尾可用“此复”。

7. 函

函是商洽工作、询问或答复问题的一种文体。通常有公函和便函之分。公函要求按公文格式所要求的形式和标记办理。便函比较灵活，不用文头，不编文号，也可以不拟标题。公函的语言讲究规范明了，要礼貌，尊重对方，不用便函中的寒暄用语。

函件宜短，要直陈其事，语气平和、恳切、分寸得当。结尾如要求对方答复的，可用“即请复函”“请研究复函”；如是答复对方的，用“此复”“函复”；如是告知对方的，用“特此函告”等。这类函件，不必加上“此致敬礼”等表示祝颂和礼貌的词汇。

8. 会议纪要

会议纪要是记载、表述会议的主要精神和议定事项，要求有关各方共同遵守和执行的纪实性、指导性公文。会议纪要主要有两种模式：概述式、归纳分类式。纪要按其内容可分为例行会议纪要、工作会议纪要和专题会议纪要等。

概述式纪要，写的自由度比较大，但必须包括以下三个部分，一是要说明召开会议的时间、地点、主持人、与会人员、召开会议的目的和依据，会议的主要议题、议程和主要收获等基本情况；二是记述会议对情况的分析，提出研究讨论的问题，解决问题的措施、办法和议决事项；三是结语，写出会议提出的希望、号召（有的会议可以不写）。

归纳分类式纪要，要列出会议的时间、地点、主持人、出席人员。可按先后次序扼要整理议定事项。议定事项，可分类列出。

会议纪要要如实记录会议的客观内容，不能随意增删或变动。没有讨论的事项不能写，讨论但没有取得一致的事项要写时，必须如实反映。概述式纪要，要抓住要点高度概括，择其要旨而记之，不能面面俱到，眉毛胡子一把抓。语言要简练、明确。

会议纪要的标题，要把全称写上，如系列会，要写第几次会议。

出席、列席或与会人员，列出主要的，不必把所有参加会议的人员一一列出。

9. 规章性文件

规章、规定、办法，都是规章性文件，具有约束力，作为它所限定范围内工作活动的规范，一般用通知印发。

制定规章应遵循以下原则：

（1）符合宪法、法律和行政法规，符合党的路线、方针、政策；

（2）全面贯彻改革开放的方针，为振兴发展××科技工业服务；

（3）符合单位的实际情况，实事求是；

（4）充分发扬民主，广泛听取有关部门和基层单位意见；

（5）文字简练准确、结构规范严谨，程序符合要求。

写作要求包括以下三个方面：

一是要严谨、周密。要保证它的严肃性，务求合理、规范、完备，既要有现实的可能性，又要考虑在一定时期的稳定性。属于临时性的、个别问题，不宜列入。一经发布，不能朝令夕改。草拟这类文件，必须以现实为根据，经过调查研究，仔细斟酌，力求完善。

二是条文要明确、具体。措施合乎规范，概念要准确，允许做什么、不允许做什么，一清二楚，文字准确严肃，不易使人产生疑惑或曲解。

三是要确定和保证它的法律效力。写明制定文件的法律依据、批准和公布机关、生效日期，以及修订权、解释权等。

格式要根据内容的繁简而定，一般有总则、主体和附则三个部分，可用条项贯通式或总分式。

开头一般要表述行文的目的和有关方针、原则；中间各部分是具体提出的要求、措施等，要有内在逻辑性；结尾要照应开端，叙述有关事项或说明实施日期、要求、注意事项等。